흩어진 것들

흩어진 것들

ÉPARSES
VOYAGE DANS LES PAPIERS DU GHETTO DE VARSOVIE
by Georges Didi-Huberman

흩어진 것들

바르샤바 게토의 아카이브로 떠난 여행

조르주 디디-위베르만 지음
여문주 옮김

문학과지성사

옮긴이 **여문주**

홍익대학교 예술학과를 졸업하고, 파리 1대학과 파리 10대학에서 미술사를 전공했다. 19세기 문화 현상 '키치'와 동시대 복제기술 사진과의 관계를 다룬 연구로 미술사 박사학위를 받았다. 홍익대학교, 덕성여자대학교, 중앙대학교 등에서 미술사, 사진사, 사진미학 등을 강의했다. 논문으로 「1980년대 '비판적 리얼리즘' 미술의 사진 담론」(2023), 「1970년대 한국의 실험미술에서 사진의 활용과 지표적 징후들」(2022), 「앙드레 바쟁의 리얼리즘 미학의 사진적 확장」(2020) 등이, 옮긴 책으로 『민중들의 이미지』가 있다. 현재 전남대학교 문화융합연구소 학술연구 교수로, 1980년대 민중미술과 결합한 새로운 사진적 실천들을 연구하고 있다.

흩어진 것들

바르샤바 게토의 아카이브로 떠난 여행

제1판 제1쇄 2026년 2월 27일

지은이 조르주 디디-위베르만
옮긴이 여문주
펴낸이 이광호
주간 이근혜
편집 최대연
펴낸곳 ㈜**문학과지성사**
등록번호 제1993-000098호
주소 04034 서울 마포구 잔다리로7길 18(서교동 377-20)
전화 02)338-7224
팩스 02)323-4180(편집) 02)338-7221(영업)
대표메일 moonji@moonji.com
저작권 문의 copyright@moonji.com
홈페이지 www.moonji.com

ISBN 978-89-320-4510-8 93900

"나는 가스실 희생자들이 손톱으로 할퀸 자국이
남아 있는 소각로 벽면을 보여주는 사진과 빵 부
스러기를 뭉쳐 만든 체스게임을 기억한다."
　　　　　— 조르주 페렉, 『W 또는 유년의 기억』(1975)

"아니, 우리는 우리를 가두는 것에 속절없이 갇
혀 있지는 않을 것이다. 우리에겐 과거를 뒤흔드
는 기계가 있다."
　　　　　— 앙리 미쇼, 『잠금장치 앞에서』(1954)

차례

일러두기

- 이 책은 17장의 사진과 그에 연관한 17편의 글로 구성되어 있다.
- 원문에서 이탤릭체로 강조된 부분은 볼드체로 표시했다. 본문에서 옅은 글씨로 〔 〕 안에 넣은 설명은 맥락상 필요하다고 판단해 옮긴이가 덧붙인 것이다.
- 본문 하단의 각주는 옮긴이가 단 것이고, 각 글의 말미에 있는 미주는 원문의 주이다.
- 단행본, 정기간행물 등에는 『 』를, 논문과 글 등에는 「 」를, 영화, 공연 등의 작품에는 〈 〉를 사용했다.
- 이 책에 등장하는 외국 인명/지명의 표기는 국립국어원의 외래어표기법을 원칙으로 하되, 일부는 원문상의 표기와 발음, 그리고 국내에 통용되는 관례 등을 함께 고려해 예외를 두었다.

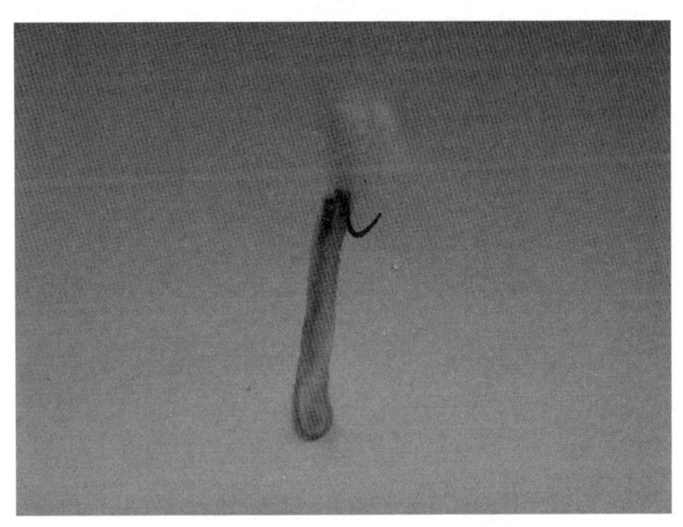

단 한 번의 단순한 감정적 체험의 틈 속 깊이
저마다 지니고 있을지 모를, **흩어진** 심리적 자리들.

눈물을 많이 흘렸던 오래전 어느 날, 나는 거울 속
나의 얼굴을 우연히 마주 보았던 그 순간을 기억한다.
그때 무언가 부서졌고, 무언가 나타났다. 내 존재는 흩
어지고 갈라졌다. 울고 있는 나의 모습을 보면서, 나는

새로운 지각을 발견했다. 그 지각은 틀림없이 나 자신에게서, 그 순간의 나의 슬픔에서 비롯된 것이었지만, 그로 인해 갑자기 비개인적이고 흥미로운, 훨씬 더 폭넓은 차원이 열렸다. 바로 여기 안의 다른 곳. 그때 그 경험은 순식간에, 그리고 분명 그 이후 나의 삶 전체에 새로운 시선을 일깨워준 계기가 되었다. 그 시선은 이러한 광학적 상황과의 필연적인 거리 두기에서 비롯되었다. 울고 있는 나를 보면서, 순간 나는, 감정이라는 전적으로 내적인 무언가가 나의 얼굴 경계면에 어떤 변형을 일으키고 있는지를, 마치 외부에서 바라보듯 (보기에 그다지 아름답지 않은, 퇴행적이고 찡그리고 일그러진 얼굴을) 관찰했다. 그 결과, 나의 슬픔은 가라앉지 않은 채, 차갑고 날카로우며 더 많은 디테일을 알고 싶어 하는, 이미 아이러니해진 상태의 의식과 겹쳐졌다. 말하자면 그것은 인식의 행위였다.

우리는 보통 접촉과 거리를 대립시킨다. 그러나 그렇게 생각하는 것은 큰 오류이다. 접촉과 거리는 서로를 연루시킨다. 서로를 발생시키기 때문에 시간적인 측면에서 그러하고, 흩어진 채 서로를 향해 끝없이 오가며, 마침내 서로 얽히고 서로를 끌어안기 때문에 공간적인 측면에서 그러하다. 내가 이야기한 이 사소한 경험 속에서 나는 분명 어떤 거리를 만들고 있었다. 거울에 비친 나의 상을 통해 나 자신과 대면하고, 관찰자로서의 나의 상황을 통해 나의 슬픔과 대면하면서 생긴 거리 말이다. 그렇기는 하지만 나는 나 자신과의 접촉이나, 그렇다고 그리 쉽게 가라앉지는 않았던 이 슬픔과의 접촉을 잃어버렸던 것은 아니었다. 오히려 예상치 못한 이러한 관점의 전환 덕분에, 나는 슬픔 속에 갇힌 이 '나'의 경계가 어디에 자리하고 있는지, 또한 그러한 경계를 뛰어넘는 방법들, 가능한 출구가 어디에 놓여 있는지를 조금 더 잘 알게 되었다고 말할 수 있을 것 같다. 나는 그 순간, 어떤 움직임이 그러한 슬픔을 개방시키고, 나 자신의 감정적 울타리의 경계를 뛰어넘을 수 있게 하는지 상상해야만 했다.

접촉과 거리 사이에는 언제나 매개체médium가 있다. 판유리, 막, 반투명한 것, 공기, 물과 같은 것들 말이다. 바로 그날, 나의 눈과 거울에 비친 나의 상 사이에는 약간의 공기와 눈물, 그리고 (거울의 두께와 함께) 거울 뒷면에 칠해진 주석박朱錫箔이 있었다. 울고 있는 자신을 본다는 것은, 우선 가시적인 것 자체에 대한 매개체의 지배를 확립하는 것이었다. 그 결과는 어떤 불투명성opacité이었다. 눈에 고인 눈물로 나의 **봄**voir은 흐려졌고, 어쩌면 나의 **울음**pleurer으로 가로막히기까지 했다. 그렇게 나는 흐려진 나를 보고 있었다. 그런데 이상하게도 이 상황이 이내 전복되었다. 새로운 명료함과 같은 무엇이 연이어 나타났기 때문이다. 나의 눈은 '초점을 맞춰'야만 했는데, 아마도 바로 그 순간, 울고 있는 나의 모습을 발견했을 때의 (불쾌한) 놀라움에 변화가 일어나 하나의 새로운 몸짓, 즉 관찰하고 시선으로 질문하는, 그러니까 알게 되거나 적어도 '보려 시도하는essayer voir' 몸짓에 집중하게 되었다. 결국 눈물이 나의 시선을 밝혀줬던 것이다.

탄식하는 것과 **자신을 바라보는 것** 사이에는 어떤 연관성이 있을까? 만약 이 관계가 실제로 존재한다면, **탄식하는 것**은 특정한 조건하에서나 특정한 관점하에서는 〔수동적으로〕 겪어내는 단순한 파토스pathos와는 다른 무엇, 즉 인식의 능동적인 몸짓, 우리를 짓누르는 고통을 걷어내기 위한 시도일 수 있다. 마찬가지로 **자신을 바라보는 것**은 단지 시각적인 인식이 아니라 정동의 운동으로 사유되어야만 할 것이다. 물론 이러한 연관성에는 비극적인 무엇인가가 내포되어 있다. 특히 아이스퀼로스Aeschylos의 『아가멤논』에 나오는 유명한 구절을 떠올린다면 더욱 그러할 것이다. 여기서 지혜와 인식은 고통을 통한 깨달음pathei mathos, 즉 '시련에 의한 앎,' 고통의 학문 또는 고통 속의 학문을 매개로 필멸자들에게 제공된 것으로 여겨졌다. 1917년경, (겨우 스무 살이었던) 게르숌 숄렘*이 유대인의 탄식을 의미하는 키나kinah를 '비극'과 '시'는 물론, 정동과 교육의 측면에서 동시에 이야기하고자 했다는 점은 주목할 만하다. 그에 따르면, "존재한다는 것은 탄식이 솟아나는 원천이라는 뜻이다.** […] 이 [유대] 민족에게 가르침과 탄식은 형제자매처럼 연결되어 있었으며, 이들에게 가르침은 탄식하는 것이고 탄식은 가르치는 것이 될 수 있었다."[1]

* Gershom Scholem(1897~1982): 독일 출신의 유대인 철학자이자 역사학자로 유대 신비주의 사상인 카발라 연구의 권위자이다.

** 원 문장 "Être signifie être source de lamentation"에 두 번 쓰인 'être'라는 단어는 존재 자체를 의미하기도 하고, 존재하는 것과 그 본질적 실체를 이어주는 속사가 되기도 한다. 말하자면 '있다'이면서 동시에 '이다'가 되는 셈이다.

1903년부터 하시디즘* 전통의 이야기를 수집하기 시작했던 마르틴 부버Martin Buber는 수십 년이 지나 출간한 그의 대작에서, 1859년에 세상을 떠난 코츠크Kotzk의 랍비 메나헴 멘델**을 거의 궁극에 도달한 인물로 묘사하면서, "연극의 클라이맥스와 같다"고 썼다. 이 랍비는 세상에 대해 탄식했던, 결코 노여움을 삭이지 못했던 현자였다. '반란의 정신'을 지닌 그는 "털북숭이에 단정치 못하며 험악한 표정으로" 자신의 제자들에게 "성급하고 소란스럽고 토막 난 말"로 소리쳤고, "그의 난폭함 앞에서 모두가 혼비백산해 사방으로 도망쳤다."[2] 그러나 다시 홀로 남겨지면, 그는 많이 탄식

* 18세기 초, 서부 우크라이나에서 영적 부흥운동으로 시작되어 동유럽 전역으로 빠르게 확산된 유대교의 한 종파이다. 정통 유대교의 엄격하고 경직된 학문 중심주의와 엘리트주의에서 벗어나, 개인의 마음과 삶 전체 속에서 신과 직접 만나 영적인 체험을 할 수 있다는, 민중적이고 신비주의적인 종교 비전을 제시했다.

** Menahem Mendel(1787~1859): 19세기 폴란드의 유대학자이자 정신적 지도자로, 루블린 근교 코츠크라는 지역에서 하시디즘 공동체를 이끌었다. 그는 오직 하나의 '에메트Emet,' 즉 유일한 '진실' '진리'가 존재한다고 믿었으며, 외부 압력이나 세속적 욕망과 타협하지 않는 절대적 자유를 위한 내적 투쟁, 그리고 끊임없는 토라와 탈무드 학습을 통해 그에 도달할 수 있다고 주장했다.

했다. 그는 매일 저녁 한 페이지의 글을 썼지만, 누구도 그 글에 대해 알 수는 없었다. 다음 날 아침이면 자신이 쓴 글을 찢거나 태워버리길 반복했기 때문이다. 개인적으로 나는 이 이야기의 조금은 다른 버전을 더 좋아하는데 내가 그것을 어디선가 읽은 것인지, 아니면 나 자신이 지어낸 것인지 잘 기억나지는 않는다. 그 이야기는 다음과 같다. 그는 매일 저녁 한 페이지의 글을 쓰고, 다음 날 아침이면 그것을 자신의 얼굴 가까이 가져와 다시 읽었다. 그러나 그것을 다시 읽으면서 눈물을 너무나 많이 흘린 통에 문장과 단어와 글자가 하나하나 그의 글에서 사라져버렸다. 그가 살아 있는 동안 이 일은 매일 반복되었다.

마치 시간 전체가 저녁과 아침의 이 리듬으로 형체를 얻기라도 하듯, 희망하고 절망하며 항상 다시 시작되는 리듬으로 말이다. 이 리듬은 하나의 종잇조각(매개체, 표면) 위에서 약간의 잉크(단어, 글자)와 몇 방울의 눈물(물, 감정)이 만나는 순간 만들어진다.

1 G. Scholem, *Sur Jonas, la lamentation et le judaïsme*(1917~
1919), trad. M. de Launay, Paris: Hermann, 2011, pp. 61,
64.

2 M. Buber, *Les Récits hassidiques*(1947), trad. A. Guerne,
Paris: Plon, 1963(rééd. Monaco, Éditions du Rocher,
1978〔éd. 1996, coll. "Points"〕), I, pp. 75~76(또한 II, pp.
251~76도 참고). C. Chalier, *Le Rabbi de Kotzk(1787~1859).
Un hassidisme tragique*, Paris-Orbey: Arfuyen, 2018.

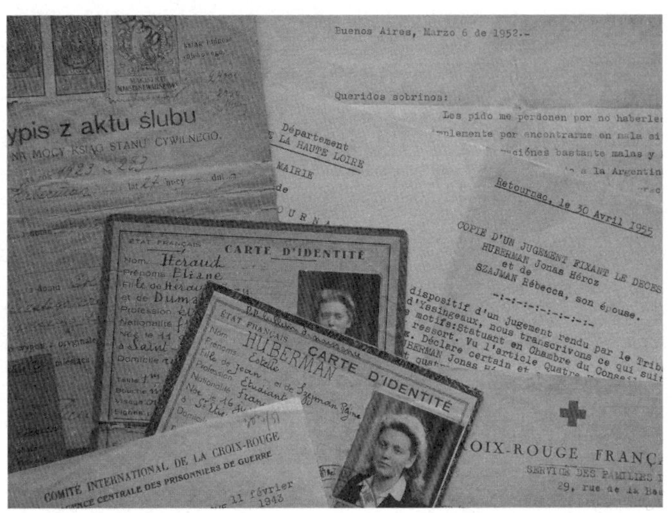

하나의 동일한 이야기(역사)가 우리 모두에게
남길 수 있는 물질적이거나 심리적인,
흩어진 기억의 조각들.

내 손에 닿기까지 수십 년의 세월이 흘러야 했다.
수십 년의 시간이 지나, 나로선 알 수 없는 상자 속에
잠자고 있던, 나의 가족과 관련된 작은 서류 뭉치 하나

가 마침내 내 손에 들어왔다. 빛바랜 서류들. 거기에는, 나는 읽을 수 없는, 아랍어 방식의 히브리어로 쓰인 케투바ketouba●가 포함되어 있었는데, 그것은 튀니지의 엘 그리바 시나고그El Ghriba Synagogue에서 유래한, 기이한 '카발라식' 문양들로 장식되어 있었다. 또한 "위기에 처한 프랑스의 부름에 응답하기 위해" 자유 프랑스군에 자원했던 이들에게 감사를 표하는 드골 장군의 선언문도 있었다. 군인들의 공적을 기리는 여러 장의 공로 인정서도 있었다. 전쟁부의 훈장국에서 발급한 몇 장의 '훈장 수여 증명서'도 있었다. 가베스에서 발행한 호적등본도 있었다. 1923년 바르샤바에서 작성된 조나스 위베르만Jonas Huberman과 리브카 샤이만Rywka Szajman(혹은 Szejman)의 혼인증명서도 있었다. 1955년 2월 3일, 그들이 아우슈비츠-비르케나우에서 사망한 지 11년 이상이 지난 시점에 작성된, 이들의 '정치범 수용자 카드'도 포함되어 있었다.

● 유대교 전통에서 신부와 신랑 사이 도덕적, 경제적 책임과 권리를 명시한 혼인 계약서를 말한다. 종종 화려한 장식이 가미된 형태로 제작되어 결혼식의 상징물로 기능하며, 유대교 공동체에서는 이를 신성한 약속의 시각적 표상으로 여긴다.

또한, 동일한 여성의 사진이 부착된 두 개의 서로 다른 신분증도 있었다. 하나는 (지방 행정 관청에서 발급된) 1925년 6월 16일생 에스텔 위베르만Estelle Huberman이라는 이름의 신분증이고, 다른 하나는 (레지스탕스를 위해 일했던 전문 위조범이 만든) 1926년 8월 11일생 엘리안 에로Éliane Héraud라는 '프랑스 여학생'의 신분증이다. 이후에 발급된 두 개의 프랑스 국적 증명서도 있었다. 1950년대에 발행된 '위베르만 조나스 에로즈Huberman Jonas Héroz와 그의 아내 샤이만 레베카Szajman Rebecca의 사망일 지정 판결문 사본'●도 있었다. 1944년 11월 8일, 이들의 딸에게 소급하여 발급된 '철학-문학' 계열의 고등학교 졸업장도 있었다. 그리고 손으로 정성스레 옮겨 적은 세 권의 시 노트도 있었다. 독일어로 된 괴테와 횔덜린의 시, 베토벤의 삶에 대한 메모, 테오필 고티에의 〈나비〉, 폴 베를렌의 〈내 마음에 눈물이 흐르네〉, 샤를 보들레르의 〈여행으

● '사망일 지정 판결문'은 전쟁이나 홀로코스트 등으로 실종되었으나 정확한 사망일을 확인할 수 없는 경우, 프랑스 법원이 기록, 유산 문제, 연금 수령 등 행정 처리를 위해 공식적으로 사망일을 지정한 판결문을 가리킨다.

로의 초대〉… 그 밖에도 키케로, 롱사르, 루소, 톨스토이, 위고, 랭보, 입센, 또는 마르셀 프루스트의 발췌문들과 함께 더 많은 것들이 있었다. 한 노트의 책갈피에는 마치 유해한 꽃처럼 우연히 끼워진 듯한, 페탱• 원수의 초상이 그려진 자홍색 우표도 있었다. 그리고 아무것도 쓰여 있지 않은 페이지들 사이에 대담하게 숨겨놓은 듯한 '조제프 케셀••의 가사'로 된 〈파르티잔의 노래〉도 있었다.

1952년 부에노스아이레스에서 온, 스페인어로 타이핑된 짧은 편지에서는 시몬 셰이만Simon Szejman이라

• Philippe Pétain(1856~1951): 제2차 세계대전 당시 프랑스 비시 정부의 수반이었다. 그는 제1차 세계대전에서 베르됭 전투의 영웅으로 칭송받았으나, 1940년 프랑스가 독일에 패배하자 독일과 협력하여 반유대주의 정책과 억압정치를 실행한 친나치 정권을 이끌었다. 전후에는 반역죄로 종신형을 선고받았으며, 현재는 프랑스 역사에서 명예와 수치가 교차하는 인물로 평가된다.

•• Joseph Kessel(1898~1979): 러시아계 유대인 가정에서 태어난 프랑스의 소설가이자 저널리스트이다. 양차 세계대전에 모두 참전했으며, 특히 제2차 세계대전 발발 당시에는 종군기자이자 레지스탕스의 일원으로 활약했다. 1943년, 그의 조카 모리스 드뤼옹Maurice Druon과 함께 프랑스 저항운동가로 유명한 〈파르티잔의 노래Chant des partisans〉를 작사했다.

는 이름의 한 친척이 1949년에 태어난 어린 에블린의 사진을 그의 "사랑하는 조카들querids sobrinos"에게 요청하고 있다. 그는 폴란드를 떠나 동유럽으로 피신한 공산주의 레지스탕스로, 붉은군대에 입대한 후 굴라크 Goulag[*]에 수감되었다가 탈출했다. 마지막으로, 적십자에서 발송된, 선홍색 스탬프가 찍힌 두 통의 공식 서신이 있다. 첫번째 서신은 1943년 2월 11일 제네바에서 보낸 것이다. "귀하의 요청으로 바르샤바의 셰이만 볼프Szejman Wolff 미망인에게 보내드린 구호품이 수혜자의 미수령으로 인해 반송되었음을 알려드립니다. 해당 금액을 우리 기관의 리옹 소재 우편소액환으로 귀하에게 환불해드려도 되는지 알려주시기 바랍니다."

'구호품'의 수령자였던 바르샤바의 친척은 '나타나지' 않았고, 거기엔 그럴 만한 이유가 있었다. 그녀가

● 소비에트 연방의 교정노동수용소총국의 약자로, 일반적으로 구소련 시기에 운영되었던 정치범 수용소 체계 전체를 지칭하는 용어로 사용된다. 1930년대부터 1950년대 초반까지 스탈린 체제하에서 반체제 인사, 지식인, 소수민족 등을 대규모로 체포해 가혹한 강제노동에 동원했다. 단순한 교도소를 넘어서 정치적 억압과 국가폭력의 상징으로, 훗날 알렉산드르 솔제니친의 『수용소군도』(1973)를 통해 그 실상이 널리 알려졌다.

어떻게 그곳에 '나타날' 수 있었겠는가? 그녀는, 나는 알지 못하고 영영 알 수 없을 어떤 운명의 가혹함으로 인해 어느 날 이후 '자취를 감췄던' 것은 아니었을까? 1942년 7월 22일, 바르샤바에서 트레블링카로 향하는 라인하르트 작전Aktion Reinhardt*의 첫번째 대규모 강제 이송이 이미 시작되지 않았던가? (그날은, 기이하게도 예루살렘 성전의 파괴를 기념하는 티샤 베아브 축일**과 겹쳤다.) 바르샤바 게토의 유대인 평의회 의장이었던

* 제2차 세계대전 당시 나치 독일이 점령한 폴란드 지역에서의 유대인 집단학살 작전을 가리키는 암호명이었다. 이 작전은 유럽 유대인을 체계적으로 말살하려는, 이른바 '(유대인 문제에 대한) 최종 해결책'의 핵심적인 실행 단계로, 트레블링카Treblinka, 소비보르Sobibór, 베우제츠Bełżec 등 '죽음의 공장'이라고 불렸던 세 곳의 절멸수용소를 중심으로 진행되었다.

** 히브리력으로 아브Av월(그레고리력으로 7~8월)의 9일에 해당하는 유대교의 금식일로 유대 민족의 역사에서 반복된 파멸과 재난을 기념하는 날이다. 특히 예루살렘 성전이 두 차례—BC 586(또는 587)년 바빌로니아에 의한 제1성전 파괴와 AD 70년 로마에 의한 제2성전 파괴—무너진 날로 전해지며, 그 밖에도 스페인 유대인 추방령(1492), 제1차 세계대전 발발(1914), 홀로코스트 관련 사건 등이 이날과 관련된다. 이날에는 금식 외에도 애도, 애가서 낭독 등, 슬픔과 반성을 표하는 의식들이 이루어진다.

아담 체르니아쿠프Adam Czerniaków는 어린아이들조차 구할 수 없을 것이라 직감하고 7월 23일 스스로 목숨을 끊지 않았던가? 1942년 9월 21일, 욤 키푸르 축일●에 이루어진 마지막 '대규모 강제 이송'에서 30만 명에 달하는 바르샤바 게토 유대인들이 목숨을 잃지 않았던가? 그런 상황에서 1943년 2월, '바르샤바의 셰이만 볼프 부인'이 과연 어디에 있을 수 있었겠는가?

그리하여 이 첫번째 편지는 프랑스의 한 지방에 있었던 조나스 위베르만과 그의 아내에게 전달되었고, 이들은 당시 가족들 대부분이 살고 있었던 고립된 바르샤바 게토 안에서 무슨 일이 일어나고 있는지 알 수 없어 불안에 떨고 있었다. 그런데 이들 또한, 이내 이웃에 의해 프랑스 경찰에 고발된 후, 1944년 4월 29일, 72번 열차로 드랑시를 거쳐 폴란드로 이송되었고, 아우슈비츠-비르케나우의 가스실로 보내졌다. 그런데 나는 이 빛바랜 서류들 속에서 '실종가족센터'가 이들

● 히브리력으로 7월 10일에 해당하는 유대교의 가장 거룩한 날로, '대속죄일'이라고도 불리며, 한 해 동안의 죄를 속죄하고 하느님과의 관계를 새롭게 하는 날로 여겨진다. 이날 유대인들은 25시간 동안 금식과 기도를 수행하며, 회개와 자기성찰을 통해 영적으로 정화되는 시간을 갖는다.

의 딸에게 보낸 적십자사의 두번째 편지를 발견했다. 1944년 10월 17일에 작성된 이 편지에는, "현재로서는 클레르몽페랑에 수감되었다가 독일인들에 의해 이송된 귀하의 부모님, 장 위베르만Jean Huberman 부부에 대한 정보를 찾을 수 없습니다"라고 적혀 있었다.

빛바랜 처량한 서류들. 죽음이자 동시에 생존이기도 한, 흩어진 종잇장들. 우리가 역사라고 부르는 드넓은 숲으로부터 저 홀로 분리될 수 없는 계통수系統樹의 마른 잎이거나 거기서 떨어진 나무껍질들. 공간은 광활하고 시간은 무한한 곳, 인간이 인간에게 저지를 수 있는 악의 바람이 불고 있는 곳. 그러나 그런 상황 속에서도, 다른 것보다 더 대담한 나뭇가지들이 언제나 버티고 맞설 것이다. 생존하고자 하는 본능적 욕망으로, 스스로를 구하고 죽음에 저항하기 위해 치켜세운 팔처럼.

몇몇 사람들이 봉기하여 모두에게 강요된
공포의 상황을 뒤흔들 때처럼, 열망의 불꽃이
여기저기에서, 그리고 몇 번이고 다시 살아날,
흩어진 기회들.

어렸을 때부터 나는 심리적으로 1939년에서 1943년
사이의 바르샤바 게토와 같은, 그런 상황의 주위를 맴돌

고 또 맴돌았다. 아마도 그 상황을 이해한다는 것은 우리의 상상력에 도전하는 일이 될 것이다. 그러나 상상력은 예컨대 문학적으로나 예술적으로 발휘되기 이전에 윤리적이고 정치적인 능력으로서, 어떤 식으로든 도전과 요구, 불가능한 포착의 차원에서 작동한다. 우리는 우리가 상상하는 것을 소유하지 않는다. 우리는 흩어지고 누락된 채 상상한다. 우리는 가까스로 상상하고, 끝없이 반추하며, 결핍 속에 머문다. 그럼에도 불구하고 역사적 이해와 정치적 해석에 필요한 길은 바로 상상력에 의해 만들어진다. 상상력을 발휘한다는 것은 결국 개인적인 환상이 아니라, 우리에게 명확하거나 뚜렷하게 즉각 주어지지 않는 무엇인가를 알고자 하는 도전에 해당할 것이다. 예컨대, 오늘날 저 멀리 시리아에서 한 민족 전체를 상대로 벌어지는 전쟁처럼 어떤 거리로부터, 또는 바르샤바 게토의 경우처럼 우리의 상상력을 시험하는 듯한 어떤 과거로부터 우리의 의식을 '부르는' 무엇인가를 말이다.

2년 전쯤, 나는 그 어느 때보다도 바르샤바 게토의 인간적 상황이 우리에게 제기하는 몇 가지 질문으로 되돌아올 필요성을 느꼈다. 나는 고전 문집들 — 이를테면, 청소년기에 사서 읽었을 때 나를 충격에 빠뜨렸던 미셸 보르비치Michel Borwicz의 책[1] —과 아담 체르니아 쿠프, 힐렐 세이드만Hillel Seidman, 요나스 투르코프Ionas Turkov가 당대에 쓴 몇몇 연대기들을 다시 꺼내 읽었 다.[2] 나는 특히, 소수의 사람들이 나치 압제자에 맞서 반란을 일으키도록 이끈 그 비범한 힘, 절망적이기 때 문에 비범하며, 자신의 정당성뿐 아니라 곧 다가올 패 배 역시 확신했기에 비범했던 그 힘을 이해하려고 노 력했다. 그것은 봉기*에 대한 거대한 열망, 불타는 열망 이었다. 그러나 그것은 곧 전소될 열망이었다. 바르샤

* 바르샤바 게토 봉기는 제2차 세계대전 당시 게토에 남아 있던 유대 인들을 절멸수용소로 이송하려는 나치 독일의 시도에 반발해 일어난 저 항운동이다. 1942년, 대규모 강제 이송이 시작된 이후, 남아 있던 유대인 들 중 일부가 저항 조직을 결성하고, 게토 내에 벙커를 짓고 무기를 확보 하기 시작했다. 1943년 1월, 두번째 강제 이송이 재개되자 이에 대항한 최초의 무장 반란이 있었고, 이는 폴란드 저항세력이 유대인들을 본격적 으로 지원하게 만든 계기가 되었다. 1943년 4월 19일 독일군의 최종 게 토 청산 작전에 맞서 본격적인 바르샤바 게토 봉기가 시작되어 5월 16일 까지 이어졌다. 750여 명의 전투원이 수 주 동안 수류탄과 권총 몇 자루 로 나치에 대항했으나, SS 장군 위르겐 슈트로프가 이끄는 독일군에 의 해 바르샤바 게토의 저항군뿐 아니라, 게토 전체가 완전히 파괴되고 수 만 명의 유대인들이 학살되었다.

바 게토는 SS 장군 위르겐 슈트로프Jürgen Stroop의 명령에 따라 체계적으로 방화되고 파괴되어, 모든 것이 재와 잔해로 변해버렸기 때문이다.

대부분의 봉기 주동자들은 매우 젊었다. 이를테면 전투 조직의 총사령관이었던 모르데하이 아니엘레비치Mordechaï Anielewicz는 스물네 살의 나이에 무기를 손에 쥔 채 죽었다. 그는 짧은 유서 하나를 남겼지만, (그만큼 어렸던) 마레크 에델만Marek Edelman이나 베르나르트 골트스테인Bernard Goldstein과 같은 그의 동료들 중 일부는 사실적이면서도 반성적이며 방대하고 괄목할 만한 연대기를 쓰기도 했다. 그들은 긴급 상황을 묘사하면서도 그 상황의 심리적, 사회적, 그리고 물론 정치적인 측면을 결코 잊지 않았다[3](에델만과 골트스테인은 둘 다, 당시에는 '사회주의'로 일컬어졌지만 지금은 극좌파로 간주되는 유대인 노동자 해방운동인 분트Bund의 일원이었다). 우리는 이들이 쓴 책의 페이지마다, **봉기한다**는 것이 무엇을 의미하는지 생생히 느낄 수 있다. 또한, 우리는 ('안테크Antek'로 불린) 이츠하크 추케르만Yitzhak Zuckerman이나 ('카지크Kazik'로 불린) 심하 로템Simha Rotem이 나중에 쓴 회고록에서처럼,[4] 봉기의 몸짓이 가장 소박한 것에서 가장 빛나는 것, 가장 평온한 것에서 가장 절망적인 것, 가장 부드러운 것에서 가장 폭력적인 것에 이르기까지, 존재의 모든 차원에서 다양한 형태로 나타나고 있음을 발견하게 된다.

그런데 이 비극적인 역사로부터 그 역사에 대한 인식을 가능하게 만들기 위해, 다시 말해 바르샤바 게토의 역사(경험)로부터, 흩어져 있지만 매우 명확한 하나의 역사(인식)를 구성하기 위해 필사적으로 — 물론 비밀리에 — 일했던 누군가의 수호자적 형상이 곧 다시 떠올랐다. 그 사람은 바로 에마누엘 린겔블룸Emanuel Ringelblum이다. 그는 동시에 두 가지 차원에서 끊임없이 작업했다. 살아남아야 할(견뎌내야 하고, 무모한 위험 감수를 통해 변화시키려고 시도해야 하는) 역사의 차원과, 사유해야 할(써야 하고, 잔존하게 만들고, 끈기 있는 필기를 통해 기록해야 하는) 역사의 차원에서 말이다. 자신이 맡은 이중의 과업 속에서 스스로가 흩어진 존재임을 느꼈던 에마누엘 린겔블룸은 이 두 차원 사이에서 일관성을 유지하면서도 갈기갈기 찢겨져 있었다.

에마누엘 린겔블룸은 사라질 운명에 처한 동족들

의 역사를 쓰기 위해 봉기했다. 이 역사가, 오늘날 우리를 포함하여 잔존하도록 운명 지어진 다른 이들에게 전달되어 읽힐 수 있도록 말이다. 그는 **글로** 저항하고, 종이로 싸운 **레지스탕스 전사**였다. 1944년 3월에 체포되어 아내와 어린 아들과 함께 총살되기 직전까지, 그는 자신의 마지막 은신처에서도 쉼 없이 잉크로 종이에 기록을 남겼다. 군인들이나 정치 지도자들은 종종 종이를 조롱한다. 물론 권력을 잡는 데 '종이 호랑이'는 제대로 무장한 전투부대보다 훨씬 허약하고 무력할 것이다. 그러므로 우리는 종이 한 장 앞에서 종종 우리의 무력함에 눈물을 흘릴 수밖에 없다. 그러나 보잘것없는 한 묶음의 종이가 전투부대, 군인, 지도자 들을 뛰어넘어, 승자와 패자 사이의 모든 구분을 초월해 잔존하기도 한다. 이것이 바로 종이의 힘이다. 잉크나 연필로 쓴 글과 셀룰로오스 표면은 우리 인간보다 더 오래 지속될 수 있다. 종이는 아무리 연약하고, 분서焚書될 위험에 처해 있다 하더라도, 그것의 저자와 검열관, 그리고 독자보다 더 오래 잔존할 수 있지 않은가?

나는 사회과학고등연구원EHESS에서 2017년 1월부터 5월까지 이 역사에 대해 다음과 같은 질문을 중심으로 사전에 작성한 텍스트에 기초해 몇 차례의 세미나를 진행했다. 그것은 사람들이 **막다른 벽에 몰렸을 때** 어떻게 봉기하는가라는 질문이었다. 여기서 벽이란 게토의 벽을 의미할 뿐만 아니라, 모든 출구가 계획적으로 봉쇄된 상황을 의미하기도 한다.' 당연하게도 나는 이 세미나에서 내가 구할 수 있는 도상 자료들을 활용했는데, 오늘 나는 그중 몇 개의 이미지를 내 작업 테이블에 올려놓고 다시 사진으로 찍었다. 그중 하나는 분트 청년운동의 비밀 전단지 — 정확히 말하면 1940년 12월 『청년들의 목소리*Yugnt shtime*』라는 신문의 1면이다 — 로, 반란을 촉구하고 폴란드 레지스탕스와의 연대를 요청하는 내용이었다. 그리고 건설 중인 장벽의 이미지도 있다. 이 장벽은 때론 굶주린 거지가 기댈 곳이 되어준 벽이고, 때론 주민들을 일제히 검거해, 속된 말로 '사람들을 그 앞에 몰아세워 총살하는' 데 SS가 사용했던 벽이기도 하다. 그리고 '담을 타 탈출하려는' 사람들이, 아니면 적어도 이 벽돌 감옥 바깥의 '아리아인 구역 쪽'에서 밀반입된 식량을 운반하려는 사람들이 기어오르던 벽이기도 하다.

　나는 또한 독일인들이 제작한 두 가지 시각 자료

도 참고했다. 하나는 하인리히 요스트Heinrich Jöst[*]가 1941년 9월 19일 게토 거리를 '방문해' 찍은 사진들이고, 다른 하나는 1943년 5월 봉기 진압과 게토에서 살아 있는 모든 것의 말살과 관련된 암울한 슈트로프 보고서Rapport Stroop[**]에 첨부된 사진들이다. 나치의 관점에서 찍힌 것임에도 불구하고, 이 군사 파일에 담긴 사진 이미지들은 오늘날 우리에게 남아 있는 가장 충격적인 이미지들 가운데 하나이다. SS의 총(그리고 카메라) 앞에서 두 팔을 들고 있는 유대인 소년의 유명한 사진 이미지를, 아니면 체포된 지 얼마 안 돼 틀림없이 무자비하게 즉각 처형될 것임에도 굴하지 않고

[*] 독일의 한 마을에서 호텔을 운영했던 인물로 전쟁이 발발하자 독일군에 징집되어 바르샤바 인근에서 복무했다. 그는 1941년 9월 19일 자신의 43번째 생일에 자유 시간을 이용해 게토에 들어가 그 안에서 벌어지고 있는 일들을 카메라에 담았다. 당시 촬영된 140여 장의 사진들은 전쟁 후 수십 년간 침묵 속에 보관되어왔고, 1982년이 되어서야 『슈테른 Stern』지의 기자에게 처음 보여주게 되면서 그중 일부가 세상에 공개되었다.

[**] 위르겐 슈트로프가 바르샤바 게토 봉기 진압 및 게토 청산 과정에 대한 상세한 내용을 기록한 75쪽 분량의 공식 보고서로, 50여 장의 사진 자료를 포함하고 있다. 나치의 잔혹 행위를 보여주는 중요한 자료로 뉘른베르크 전범 재판에서 증거자료로 제출되었다.

존엄을 지키고 있는 봉기 가담자들의 사진 이미지를 떠올려보라.

　이 세미나 기간 중 한번은, 한 낯선 남자―신중해 보이고 정체를 알 수 없는―가 세미나가 끝나고 나에게 다가왔다. 그는 심한 폴란드 억양이 섞인 영어로, 1942년 8월 3일, 게토 유대인들의 '대규모 이송'이 시작된 지 13일째 되던 날 에마누엘 린겔블룸과 그의 동료들이 묻은 기록물 더미들 속에 포함되어 있었던 일군의 사진들에 대해 내가 알고 있어야 할 것 같다고 말했다. 나는 깜짝 놀랐다. 아무도 이 사진들에 대해 말한 적이 없었다. 출판된 적도 없다. 시각 자료가 극히 드문 역사적 주제임을 고려할 때 어떻게 이런 일이 가능했을까? 『바르샤바 게토의 비밀 아카이브(에마누엘 린겔블룸 아카이브)』―폴란드어판 35권 중 프랑스어판은 현재까지 두 권만 출판되었으며, 폴란드어판 자체도 아직 다섯 권이 미출간 상태이다[6]―의 서문에서 폴란드어판의 학술 편집자인 루타 사코프스카Ruta Sakowska가 지나치듯 아주 간략하게, 아무런 구체적 설명 없이 언급한 것을 제외하고는, 그 사진들에 관해 거론한 사람은 없었다.[7]

당연히 나는 그에게 그 이미지들이 무엇으로 구성되어 있는지 물었다. 라파우 레반도프스키Rafał Lewandowski라고 자기 이름을 밝힌 그는 자신이 사진과 고고학의 관계에 대한 방대한 작업을 하고 있다고 말했다. 그는 우선 자신도 이 이미지들에 대해 아는 바가 많지 않고, 이 이미지들 전부가 바르샤바의 금고에 보관되어 있기 때문에 당장 보여줄 수 있는 것은 없다고 말했다. 그는 "직접 와서 보셔야 합니다"라고 거듭 말했다. 몇 달이 흘렀다. 어느 날, 그가 다시 와서 자신의 컴퓨터에서 그 이미지들 중 일부를 보여줄 수 있다고 말했다. 나는 보았다. 이 사건들과 관련하여 기존에 출판된 도상 자료들과 비교했을 때, 나는 거기에서 무언가가 기다리고 있으며, 나를 부르고 있음을 즉시 알아차렸다. 그것은 무언의 보물, 그러나 **무언의 외침**의 보물, 아비 바르부르크Aby Warburg가 말한 "고통의 보고Leidschatz"*였다.

● 독일 미술사가 아비 바르부르크(1866~1929)가 사용한 이 '고통의 보고寶庫'라는 표현은 단순한 고통의 감정이 아닌, 역사적·문화적 맥락에서 집단적으로 체험되고 전승되는 고통의 흔적과 이미지들을 일컫는다. 바르부르크는 이 개념을 통해 이미지가 단지 미학적 대상이 아니라, 인간

그리하여 나는 이 유령과 같은 도시 바르샤바로, 마음이 온통 뒤흔들린 채로 다시 돌아왔다.

의 감정적·문화적 경험을 저장하고 전송하는 기억의 매개체라는 점을 강조했다. 그는 자신의 므네모시네 아틀라스Bilderatlas Mnemosyne를 통해 고통과 정념Pathos의 몸짓이 어떻게 시대를 초월해 반복되고 변형되는지를 시각적으로 추적하고자 했다.

1 M. Borwicz(dir.), *L'Insurrection du ghetto de Varsovie*, Paris: Julliard, 1966.

2 A. Czerniaków, *Carnets du ghetto de Varsovie(1939~1942)*, trad. J. Burko, M. Elster et J.-C. Szurek, Paris: La Découverte, 1996. H. Seidman, *Du fond de l'abîme. Journal du ghetto de Varsovie (juillet 1942 - mars 1943)*, trad. N. Weinstock, Paris: Plon, 1998. I. Turkov, *C'était ainsi. 1939-1943: la vie dans le ghetto de Varsovie*(1948), trad. M. Pfeffer, Paris: Éditions Austral, 1995.

3 M. Edelman, *Mémoires du ghetto de Varsovie*(1945), trad. P. Li et M. Ochab, Paris: Éditions du Scribe, 1983(rééd. Paris: Éditions Liana Levi, 2002). M. Edelman, *La Vie malgré le ghetto: "Et il y avait de l'amour dans le ghetto." Propos recueillis par Paula Sawicka*(2008), trad. M. Smorag-Goldberg, Paris: Éditions Liana Levi, 2010. B. Goldstein, *L'Ultime Combat. Nos années au ghetto de Varsovie* (1947), trad. E. Dal et V. Clerck-Ayguesparse, Paris: La Découverte-Zones, 2008.

4 Y. Zuckerman("Antek"), *A Surplus of Memory. Chronicle of the Warsaw Ghetto Uprising*(1990), trad. B. Harshav, Berkeley-Los Angeles: University of California Press, 1993. S. Rotem("Kazik"), *Mémoires d'un combattant du ghetto de Varsovie*(1993), trad. G. Marlière, Paris: Ramsay, 2008. 다른 증언들 가운데 다음도 참고하라. D. Klin, *À cache-cache avec la mort. Un résistant juif à Varsovie de 1939 à 1945*(1968),

trad. B. Vaisbrot, Paris: Éditions Le Manuscrit, 2017.

5 G. Didi-Huberman, *Désirer désobéir. Ce qui nous soulève, 1*, Paris: Les Éditions de Minuit, 2019, pp. 353~81.

6 *Archives Ringelblum. Archives clandestines du ghetto de Varsovie, I. Lettres sur l'anéantissement des Juifs de Pologne*, éd. R. Sakowska, trad. B. Baum, É. Grumberg, Y. Niborski, A. Grudzińska et J.-C. Famulicki, Paris: Fayard-BDIC, 2007. *Archives Ringelblum. Archives clandestines du ghetto de Varsovie, II. Les enfants et l'enseignement clandestin dans le ghetto de Varsovie*, éd. R. Sakowska, trad. B. Baum, É. Grumberg, Y. Niborski, M. Laurent et L. Dyèvre, Paris: Fayard-BDIC, 2007. 이 두 프랑스어 번역본의 원본으로 는, *Archiwum Ringelbluma. Konspiracyjne Archiwum Getta Warszawy*, dir. K. Person, E. Bergman et T. Epsztein, Varsovie: Żdowski Instytut Historyczny im. Emanuela Ringelbluma, 1997~2017.

7 R. Sakowska, "Introduction," *Archives Ringelblum. Archives clandestines du ghetto de Varsovie, I*, p. 17.

바르샤바 같은 조직적 도시 구조를 지닌 어떤
공간이 역사 속에서 겪었을지도 모를 파괴의,
흩어진 잔해들.

1943년 5월, SS 장군 위르겐 슈트로프는 중무장한
병사와 중화기, 장갑차, 심지어 항공기까지 동원해, 수
주 동안 얼마 안 되는 수류탄과 권총으로 저항했던 바

르샤바 게토의 유대인 750여 명의 봉기를 완전히 진압했다. 그러나 그게 끝이 아니었다. 그의 분노는 공간 전체로 퍼져나갔다. 그는 건물들을 하나하나 불태웠다. 대시나고그를 폭파했다. 결국 게토의 모든 공간을 초토화해 순전히 잔해만 남은 폐허로 만들어버렸다. 당시 사진들을 보면, 자갈만 남은 풍경 속에서 가장 가까운 교회의 종탑만이 유일하게 나타나 있다. 이것은 표적이 정해진, 전례 없는 파괴였음을 증명한다. 나치의 강요로 유대인들이 직접 세우고 비용을 지불했던 벽돌 장벽, 게토의 그 벽마저도 이 파괴 속에서 사라졌다.*

　　나는 바르샤바를 걷는다. 그러나 이 모든 역사의 흔적은 보이지 않는다. 처음 눈에 띈 것은 불안감을 주는 표지판 하나뿐이다. 움슐라크플라츠Umschlagplatz**

* 1940년 나치 독일이 바르샤바에 유대인들을 강제로 격리하기 위해 세운 장벽을 말한다. 높이가 약 3미터, 길이는 약 18킬로미터에 달했으며, 철조망과 감시탑으로 둘러싸여 있었다. 벽돌을 나르고 쌓는 장벽의 건설에 유대인들이 동원되었으며, 건설 비용까지 유대인들이 부담해야 했다. 이 장벽은 바르샤바의 다른 지역과 분리시키는 물리적인 벽이었을 뿐만 아니라, 게토의 주민들을 사회적, 경제적, 심리적으로 고립시키는 역할을 했다. 1943년 바르샤바 게토 봉기 이후, 나치는 게토를 완전히 파괴하면서 벽도 허물었다.

방향을 가리키는 표지판이다. 그곳은 트레블링카 가스실로 향하는 수송 열차가 출발했던, 분류와 '환적換積'의 장소였다. 아마도 이 표지판은 잊지 않기 위해 이곳을 찾는 관광객들에게 유용한 '기억의' 표지판일 것이다. 비록 지금은 알아볼 수 있는 것이 아무것도 남아 있지 않다 해도. 조금 후 나는 게토의 지형 전문가인 아그니에슈카 카이치크Agnieszka Kajczyk와 동행하여 걷게 될 것이다. 그녀는 잔해들이 어디에 있는지 알고 있다. 그녀는 에마누엘 린겔블룸의 기록물을 소장하고 있는 바르샤바 유대인역사연구소Żydowski Instytut Historyczny에서 일한다. 바로 그 게토 사진들을 3일 동안 볼 수 있게 허락해준 곳이다.

　　나는 아직 거리에 있다. 여기, 당시의 포석들 몇 개가 보인다. 전차 레일의 조각들도 보인다. 저기, 두 기둥 사이에 네 개의 철선이 걸려 있다. 이 철선은 '아리아인 구역'*의 거의 정상적인 활기를 몇 달간 이어주었

●● 움슐라크플라츠는 바르샤바 게토 북쪽에 있던 광장으로, 원래는 화물 야적장과 기차역으로 사용되었지만, 제2차 세계대전 당시에는 나치가 유대인들을 트레블링카 절멸수용소로 이송하기 위한 집결 장소로 사용되었다. 현재는 희생자들을 추모하는 기념비가 세워져 있다.

던 목조 육교가 어떤 위치에 어떤 높이로 있었는지를 표시하기 위해 최근에 설치된 것이다. 다른 곳에는, 창문이 깨져 휑하니 뚫리고 폐허가 되어버린 오래된 건물 몇 채가 있다. 벽을 타고 자라난 잡초들, 바람에 우연히 날려 온 천 조각들, 폐쇄된 출입구 한구석에서 노숙하고 있는 부랑자, 벽에 남아 있는 총탄 자국들. 그리고 다른 안뜰에는 게토의 장벽 일부가 무너지지 않고 서 있다. 회색 시멘트로 접합된 벽돌들은 붉은색과 주황색 색조를 그대로 유지하고 있다. 정확한 높이도 가늠해볼 수 있다. 순례자들 — 그리고 때로는 예루살렘의 야드 바셈Yad Vashem이나 텍사스의 홀로코스트 휴스턴 박물관 같은 기관들 — 이 벽에서 벽돌 한두 개를 빼내 빈 공간을 만들고, 유대인 묘지의 무덤에서처럼 그 안에 작은 돌멩이들을 넣어두었다. 조금 더 떨어진 다른 거리에서 나는, 오늘날의 하층 프롤레타리아 —

● 유대인 출입이 금지된, 비유대인 시민들이 거주하거나 활동하던 지역을 가리킨다. 본문에서 언급된 '목조 육교'는 독일인과 비유대계 폴란드인이 이용하는 전차 노선이 있는 거리의 장벽에 의해 양분된 바르샤바 북쪽의 대게토와 남쪽의 소게토를 연결하면서도 유대인 격리를 유지하기 위해 고안된 구조물이었다.

이민자—가 같은 종류의 벽돌로 새로운 벽을 복원하는 모습을 사진에 담는다.

이 벽돌 장벽으로 구체화된 족쇄가 바르샤바의 유대인들을 조여오자, 에마누엘 린겔블룸은 세 가지 중요한 결정을 내렸다. 첫번째 결정은 **머무는 것**이었다. 침몰하는 배에서 뛰어내리지 않기. 이는 다른 사람들과 함께 굶주림을 겪을 것이며, SS의 단속과 개입이 있을 때마다, 요컨대 모든 길모퉁이에서, 그리고 감금된 시간의 매 순간, 자신과 가족의 목숨을 걸어야 한다는 것을 정확히 인지하는 것이다. 두번째 결정은 **구호 활동을 하는 것**이었다. 이는 점점 더 무자비하게 위협받는 이 공동체를 위해, 다른 사람들과 함께, 다른 사람들을 위해 행동하는 것이다. 새뮤얼 카소Samuel Kassow는 바르샤바 게토의 기록물에 대한 방대한 연구에서 린겔블룸이 알레인힐프Aleynhilf라는 이름의 상호부조 조직에서 어떻게 필사적으로 일했는지 자세히 설명했다. 이 조직의 이름은 그 자체에 타인을 돕는 동시에 자기 자신 또한 돕는다는 관념이 반영되어 있었다.[1]

물론, 이러한 결정은 정치적이었다. 그것은 나치에 의해 임명되고 전적으로 통제되는 '유대인 평의회,' 유덴라트Judenrat*의 협상적 태도와는 명백히 상반되는 것이었다. 린겔블룸에게 있어 이 결정은 1920년부터 몸담아 온, 포알레 시온당Poaley Tsiyon의 '좌파적'이고 마르크스주의적인 성향의 계파에 대한 확고한 지지에서 비롯되었다. 따라서 이 계파는 링케 포알레 시온이라고 불렸으며,** 우파 시온주의자들과 달리 베르 보로호프***의 영향을 받았다.[2] 이러한 상황을 고려할 때, 에

● 제2차 세계대전 중 나치 독일이 점령지의 유대인 공동체를 통제하기 위해 설립한 유대인 자치위원회를 가리킨다. 각 게토 내에 설치된 유덴라트는 우편 서비스, 자치 경찰, 주거, 의료, 일자리 등을 운영 및 관리했으며, 나치의 명령을 유대인 사회에 전달하고, 인구조사, 식량 배급, 강제 노동 동원, 심지어는 강제수용소로의 추방 명단 작성까지 담당했다.
●● '포알레 시온'은 20세기 초 러시아 제국 및 폴란드 등의 유럽 여러 도시의 유대인 디아스포라 전역에 걸쳐 결성된 유대계 마르크스주의자들의 시온주의 운동을 말한다. 1901년 분트가 시온주의를 거부한 데 대한 반작용으로 형성된 포알레 시온의 당과 조직은, 1919~20년 사이 민족주의 성향의 사회민주주의 정당을 지향했던 우파와, 이 우파가 따랐던 제2 세계인터내셔널의 지침과 활동이 혁명적 원칙을 저버렸다고 판단하고 비판적 입장을 견지했던 마르크스주의 성향의 좌파로 분열되었다. 폴란드의 포알레 시온 좌파는 세계적으로 가장 큰 규모였다. 포알레 시온 좌파는 히브리어나 이시디어로 '좌파'를 뜻하는 단어인 'Linke'를 붙여 '링케 포알레 시온'이라 불렸다.
●●● Ber Borokhov(1881~1917): 이디시어 연구를 개척한 언어학자이

마누엘 린겔블룸이 게토의 시민 평의회의 일종인 '주택
위원회comités d'immeubles'•의 발전에 중요한 역할을 했
다는 사실을 더 잘 이해할 수 있다. 이 위원회는 자치
적으로, 따라서 상당 부분 비밀리에, 게토 내 유대인들
의 삶을 조직하려고 시도했다. 그의 일기에는 생존에
필수적이었던 무료 급식소에 대한 수많은 생각, 주장,
걱정이 담겨 있다. 예를 들어, 1941년 8월에 그는 "12만
명에게 제공되는 점심 식사와는 별개로, 걸식 문제가
지속적으로 우리의 의제를 차지하고 있다"[3]라고 썼다.

세번째 결정은, 결국 **기록하는 것**이었다. 이야기하

자 작가이다. 마르크스주의 시온주의자로서 노동 시온주의 운동을 창립
하는 데 기여했다.
• 폴란드어로 Komitety Domowe. 나치가 유대인을 통제하기 위해 만
든 유덴라트와는 달리, 바르샤바의 유대인들이 거주했던 건물의 블록 단
위로 주민들이 자발적으로 만든 자치기구였다. 1939년 말 유대인 지구에
서 처음 설립되었을 당시에는 통일된 계획이나 체계 없이 운영되었으나,
린겔블룸에 의해 통합된 형태와 새로운 임무를 갖춘 조직으로 발전했다.
식량 배급 등 거주민 지원을 비롯해, 정치 토론, 비밀 교육, 연극 공연 등,
게토 내 공동체의 모든 활동이 이루어지는 일종의 플랫폼 역할을 수행함
으로써 1942년 7월 대규모 강제 이송 이전까지 게토의 실질적인 중추기
관으로 기능했다. 청년(저항)운동 등과도 긴밀히 유대하여 저항운동의
산실이자 위장막의 역할도 했다.

고, 묘사하고, 베껴 쓰고, 수집하고, 대조하는 것. 필사본, 타자 원고, 등사본, 인쇄물 등 종류를 가리지 않고 가능한 모든 문서를 모으는 것이었다. 이디시어, 히브리어, 폴란드어, 독일어로 된 문서들. 꼼꼼히 작성된 통계자료. 에세이, 시, 소설, 연대기. 연극 대본, 비밀 학교에서 아이들이 쓴 숙제(독일군은 게토에서 교육의 권리를 박탈했다). 거리에서 불리는 노래. 그림, 엽서. 트레블링카로 향하는 가축 수송 열차에서 황급히 던져진 쪽지. 그곳에서 탈출할 수 있었던 극소수의 사람들이 작성한 수용소 지도.

이는 역사의 법정에 고발하기 위한 증거자료집을 구성한다는 점에서도 역시 정치적 결정이었다. 물론 이 작업은 비밀스러운 만큼이나 집단적일 수밖에 없었다. 이 놀라운 수집 활동—전쟁이 끝나고, 3만 5,369쪽 분량의 자료가 발견되었다—은 그것에 열정적으로 참여했던 일군의 '동지들'의 모임으로 수행될 수 있었다. 이 그룹은 매주 토요일 비밀리에 모임을 가졌다. 이 그룹의 이름은, 그것이 작업을 위한 모임이었음을 고려할 때 아이러니하게도 이디시어로 '안식일의 기쁨'을 의미하는 '오이네그 샤베스Oyneg Shabes'(히브리어로는 오네

그 샤바트Oneg Shabbat)였다. 단순한 종잇장들에 불과하지만 위험을 무릅쓰고 끈기 있게 수행되었던 오이네그 샤베스의 기록과 수집 작업이 없었다면 바르샤바 게토에 대한 주요 역사 총론서들—이를테면 이스라엘 구트만Yisrael Gutman이나 바르바라 엔겔킹Barbara Engelking, 야체크 레오치아크Jacek Leociak의 저작들[4]—가운데 그어떤 것도 나올 수 없었을 것이다.

벽돌로 된 게토 장벽의 잔해 앞에서, 나는 움푹 팬 곳에 놓인 작은 돌멩이들에 시선을 빼앗겼다. 이 돌멩이들은 마치 말을 기다리는, 그저 단순한 기도가 아닌 무언가 다른 말을 기다리는, 탄식의 사물 혹은 결정화된 눈물처럼 보였다. 나는 오이네그 샤베스의 일원이었던 구스타바 야레츠카Gustawa Jarecka의 알레고리를 떠올렸다. 그녀는 1943년 1월 두 아이와 함께 트레블링카로 이송되어 그곳에서 사망하기 얼마 전, 이렇게 썼다. "〔우리가 게토에서 쓰는〕 연대기를 역사의 수레바퀴 아래에 던져서 그것을 멈춰 세워야 한다. 〔…〕 다른 모든 희망을 잃을 수는 있지만, 이 희망만은 잃을 수 없다. 이 전쟁의 고통과 파괴의 의미는 저 멀리, 역사적 관점에서 볼 때 드러날 것이라는 희망."[5]

구스타바 야레츠카는 억압자들에 몰려 막다른 골목에 놓여 있었다. 그녀에게 기적은 일어나지 않았다. 다만 그녀가 사라진 후에도 오늘날까지 읽을 수 있는 그녀의 글만은 남았다. 이 기적은 사실 기적이 아니다. 그것은 모든 글쓰기 행위에 내재된, 끈질기게 계속되려는 단순한 힘이다. 그녀가 만들어낸 알레고리는, 피억압자의 작은 **투석기**˚ — 이 단어가 갖고 있는 모든 의미에서 — 로 억압자를 향해 던져진 돌멩이에 대한 알레고리가 될 것이다. 또한 그것은 흔히 종이에 급하게 휘갈겨 쓴 글쓰기라는 하찮은 활동에 대한, 가장 강력하면서도 가장 가슴 아픈 찬사로 간주될 수 있을 것이다. 그것은 난파당한 사람들의 목소리에 귀 기울이고, 바로 우리들을 위해, 미래를 위해, 그들의 역사를 이야기하는 것이다. 그리고 이 이야기들을, 불의를 저지르는

● '투석기'라고 옮긴 원문의 'fronde'는 새총과 같은 돌팔매 용구를 말하지만, 17세기 프랑스에서 섭정 모후母后 안 도트리슈와 재상 쥘 마자랭을 중심으로 한 궁정파에 저항해 일어났던 귀족의 반란, 즉 '프롱드의 난La Fronde'(1648~53)을 상기시키기도 한다. 최후의 귀족의 저항이자 최초의 시민혁명으로도 간주되는 이 반란은, 당시 청소년들이 관헌에 반항하여 프롱드를 사용해 돌을 던진 것에서 그 이름이 비롯되었다.

자들에 맞서는 저항, 종이로 행동하는 저항으로 만드는
것이다.

1 S. D. Kassow, *Qui écrira notre histoire? Les archives secrètes du ghetto de Varsovie: Emanuel Ringelblum et les archives d'Oyneg Shabes*(2007), trad. P.-E. Dauzat, Paris: Grasset, 2011(rééd. Paris: Flammarion, 2013), pp. 141~216.

2 같은 책, pp. 51~80.

3 E. Ringelblum, *Oneg Shabbat. Journal du ghetto de Varsovie*(1939~1942), trad. N. Weinstock et I. Rozenbaumas, Paris: Calmann-Lévy, 2017, p. 257.

4 Y. Gutman, *The Jews of Warsaw, 1939–1945: Ghetto, Underground, Revolt,* Bloomington: Indiana University Press, 1982. Y. Gutman, *Resistance: The Warsaw Ghetto Uprising,* Boston-New York: Mariner Books-Houghton Mifflin Company, 1994. B. Engelking et J. Leociak, *The Warsaw Ghetto: A Guide to the Perished City*(2001), trad. E. Harris, New Haven-London: Yale University Press, 2009.

5 S. D. Kassow, *Qui écrira notre histoire?*, p. 23에서 인용.

적의 추격에 위협당하는 존재나
그 잔재를 잠시나마 숨길 수 있었던,
흩어진 지하실과 은닉처들.

　다른 모든 비밀 활동가와 마찬가지로 에마누엘 린
겔블룸은 — 온갖 종류의 증거들을 찾기 위한 지속적인
조사 작업과 그 밖의 여러 일을 위해 — 끊임없이 이동

해야만 했다. 이 끝없는 이동 과정에서 그는 게토 안을 샅샅이 돌아다니고, 때로는 하수관을 통해 게토의 삼엄한 경계를 넘어가기도 했다. 그는 추적을 피하기 위해 지그재그로 움직였다. 가능한 한 흔적을 남기지 않기 위해 계속해서 방향을 바꿨다. 그의 삶은 구호(상호부조의 작업)와 고발(역사의 작업)이라는 두 가지 확고한 생각으로 지탱되고 있었지만, 그의 하루하루는 예기치 못한 상황들과 그로 인해 생겨나는 변화들로 점철되어 있었다. 그는 기록을 하거나 위험을 무릅쓰고 지하 언론에서 발행한 신문과 같은 자료들을 수집해야 했고, 이를 위해 이곳저곳을 뛰어다니고, 가능한 한 많은 정보 제공자들을 만나고, 자신의 뒤를 살피며 많이 걸어야 했다. 오이네그 샤베스의 아카이브는 바르샤바 게토의 울타리 안에서 구성되었지만, 수많은 이동, 만남, 우회로, 월경, 은밀한 협상, 어둠 속에서의 활동이 필요했을 것이다.

그러나 린겔블룸과 그의 동료들은 이러한 불안정한 위치에서 게토 주민들의 일상적인 삶과 죽음을 놀랍도록 정확하게 기록하는 데 성공한다. 우리는 이 역사학자의 일기에서 그것을 잘 느낄 수 있다. 예를 들어

1942년 5월 8일, 독일인들이 선전의 목적으로 게토를 촬영하러 왔을 때, 그는 이들의 행동 방식을 다음과 같이 관찰했다. "지금 그들은 게토를 촬영하고 있다. 이틀 동안 그들은 유대인 감옥과 케힐라kehillah〔즉, 유덴라트 본부〕에서 촬영했다. 그들은 스모차Smocza 거리에 유대인 군중을 모아놓고, 유〔대인〕 경찰들에게 이 군중을 해산시키라고 명령했다."[1] 같은 시기에 빅토르 클렘퍼러가 드레스덴에서 했던 것처럼,• 린겔블룸은 독일인들("전염병, 해충")과 폴란드인들("볼셰비키, 적그리스도")이 사용하는 반유대적 구문과 어휘를 가능한 한 정확하게 조사했다.[2]

그는 반유대주의가 발전해가는 과정을 상세하게 묘사하고 있는데, 이는 가장 어처구니없는 모욕 — 예를 들어, 바르샤바의 유명 제과점인 베델Wedel이 1939년

• Victor Klemperer(1881~1960): 독일의 유대계 언어학자이자 문헌학자이다. 나치 정권하에서 체험한 일상을 상세히 기록한 일기 『나는 증언한다Ich will Zeugnis ablegen bis zum letzten』에서 그는, 나치의 선전 언어를 분석하며 '제3제국의 언어LTI: Lingua Tertii Imperii'라 이름 붙인 프로젝트를 통해 전체주의 언어가 사고방식을 어떻게 규정하고 인간성을 침식시키는지 폭로했다.

12월부터 유대인에게 초콜릿 판매를 중단한 것과 같은[3] ─에서 시작해, 묘지 훼손이나 유대인들로 하여금 자신의 손으로 시나고그의 예배 용품을 파괴하도록 강요했던 것을 거쳐, 결국에는 대량 학살에 이르게 된다.[4] 그는 무시무시한 움슐라크플라츠를 냉정하게 자세히 묘사한다.[5] 그는 강제노동을 집중적으로 다룬 에세이를 썼고, 이 에세이에 「현대 노예[제]의 징표」라는 제목을 붙였다.[6] 여기서 그는 다음과 같은 메모를 끊임없이 써 내려갔다. "그들은 귀와 머리를 때려 죽인다. […] 살해되는 순간, 노동에 투입된 유대인들은 얼굴을 벽에 대고 서 있어야 한다. […] 그것은 지옥이었다. 끔찍한 인간 사냥이었다. […] 유흥거리로 삼기 위해 유대인들을 총살했다."[7]

또한, 엄격한 역사학자로서 린겔블룸은 게토의 사망률 추이를 파악하려고 시도한다. 이를테면 1939년 9월부터 1942년 7월 중순까지 아사하거나 기아로 인한 질병으로 사망한 유대인이 약 10만 명, 그리고 1942년 7월 22일부터 9월 21일까지 트레블링카로 이송되어 가스실에서 처형된 유대인은 약 30만 명이라는 이 끔찍한 사망자 수를 매일매일 정확한 관찰로 집계했다.

1940년 11월 15일, 그는 "절반도 살아남지 못할 것으로 추정된다"라고 썼지만, 물론 당시 그는 '최종 해결책'[•]이라는, 다가올 결정에 대해서는 상상조차 하지 못했다.[8] 1941년 3월 18일에는 "두세 명의 사람들이 길에서 굶주려 쓰러지는 것을 보지 않고 지나가는 날이 거의 없다"라고 썼다.[9] 린겔블룸은, 1941년 3월 한 달간 게토에서의 사망자 수를, 보름 전의 주당 200명에서 두 배 증가한 400명으로 추산했다. 4월 21일에는 "유〔대인〕인구의 사망률이 경악할 만한 수준에 이르렀다. 주당 150명에서 500명, 최대 600명까지 급증했다. 〔…〕 거리에서 의식을 잃은 채 발견되는 사람들이 엄청나게 많다"[10]

● '최종 해결책Endlösung der Judenfrage'은 나치 독일이 점령한 유럽 지역의 유대인을 조직적으로 말살하기 위한 정책, 즉 유대인 절멸 계획을 공식적으로 완곡하게 표현한 명칭이다. 차후 히브리어로 '재앙' '절멸'을 의미하는 '쇼아Shoah' 또는 '홀로코스트'라고 불리게 될 이 해결책은, 전쟁 발발 후 점진적인 진화 과정을 거쳐, 1942년 1월 20일 라인하르트 하이드리히Reinhard Heydrich의 주재로 베를린 근교에서 열린 반제 회담에서 그 절차적, 지정학적 실행 계획이 구체화되었다. 이 회의를 계기로 유럽 전역에 거대한 인프라가 구축되었으며, 유대인 체포, 게토 파괴, 강제수용소 집결, 절멸수용소로의 이송 및 대량 학살이 체계적으로 이루어졌다. 그 결과 폴란드 유대인의 90퍼센트와 나치가 점령한 유럽 내 전체 유대인 인구의 3분의 2가 목숨을 잃었다.

고 기록했다. 5월 초에는 "사망률이 11월보다 7배나 높은 재앙적인 속도로 증가했"고, 급기야 "사망률이 너무 높아 주택위원회가 산 사람보다 죽은 사람들에게 더 많은 신경을 써야 하는" 역설적인 상황까지 발생하게 된다.[11]

한 민족의 파괴에 대한 이 모든 기록물은 인식 행위, 상호부조 행위, 그리고 아키비스트로서 그가 직접 겪은 고통, 즉 그 자신이 관찰하면서 감내해야 했던 과정에 자발적으로 개입한 데서 비롯된 것이다. 에마누엘 린겔블룸의 『일기』와 그의 아카이브 전반에 탄식이 내재되어 있다면, 그것은 이 역사학자가 그의 모든 동료들과 마찬가지로, 타인의 고통 속에서 목격한 고통의 타격을 그 자신도 받았기 때문이다. 요컨대, 그는 자신의 민족이 죽어가는 것을 가능한 한 명료한 의식으로 지켜보면서 죽어가는 사람이었다. 한 장 한 장 종이를 쌓아 올리며 열병을 앓듯 기록하는 일에 사로잡힌 채.

명료한 의식으로 죽음을 맞이하는 사람. 자신은 살아남지 못하더라도, 적어도 자신의 문서들만큼은 자신보다 더 오래 살아남기를 간절히 바라는 마음으로 죽어가는 사람. 억압자가 강제한 공포와 거짓의 장벽을 넘어, 자신의 민족이 겪는 고통과 '한탄의 편지들'이 전 세계 다른 민족과 미래 세대에 전달될 수 있기를 바라는 거대한 욕망으로 생동하면서 죽어가는 사람. 이런 점에서 린겔블룸은 비록 불완전할지라도 성공했다고 말할 수 있다. 그는 자신의 아들 우리Uri와 아내 예후디스Yehudis, 그리고 그 자신의 목숨을 구하는 데는 실패했다. 그들은 그루예츠카Grójecka 거리에 위치한 '아리아인 구역'의, 겉보기엔 상당히 안전해 보이는 지하 '벙커'에 숨어 있었지만, 1944년 3월 모두 체포되어 그 즉시 총살당했다.[12]

그사이, 1942년 8월 3일, 첫번째 대규모 '작전'*이 시작된 지 13일째 되는 날, 수집된 자료들의 일부가 10개의 양철 상자에 담겨 노볼립키Nowolipki 거리 68번지에 있는 한 건물 지하실에 매립되었다. 아무 의미 없이 선택된 장소가 아니라, 상징적 가치가 매우 큰 장소였다. 그곳은 비밀리에 운영된 베르 보로호프 초등

---

* 1942년 7월 22일부터 바르샤바 게토 유대인들을 트레블링카 절멸수용소로 강제 이송하고 대량 학살하기 위해 조직적으로 실행되었던, 일명 '바르샤바 대작전'을 가리킨다.

학교—에마누엘 린겔블룸의 정치적 '스승'의 이름을 따랐다—가 있었던 자리였기 때문이다. 아카이브의 이 첫번째 부분을 땅에 파묻는 작업은, 오이네그 샤베스의 주요 구성원 중 한 사람인 이즈라엘 리흐텐슈타인Izrael Lichtensztajn의 감독하에, 그의 두 제자 다비드 그라베르David Graber(19세)와 나훔 그지바치Nachum Grzywacz(18세)의 도움을 받아 이루어졌다. 이 두 사람 모두, 수집된 자료들 더미에 각자의 전기와 유언장을 추가했다.

린겔블룸 아카이브의 두번째 부분은 두 개의 커다란 우유통에 담겨, 1943년 2월 말에서 3월 초 사이 같은 장소에 숨겨졌다. 이 은닉처는 조심스럽게 벽으로 막아놓았다. 세번째 부분은 게토 봉기 이전, 시비에토예르스카Swietojerska 거리 31번지에 있는 다른 건물의 지하에 묻혔다. 하지만 전쟁 후 그곳에서는 불에 탄 소량의 문서만 발견되었다. 이 '세번째 부분'의 행방에 관해서는, 그것이 어딘가 은닉되어 있거나 도난당했다는 소문이 지금도 여전히 떠돌고 있다(더욱이 현재 그 자리에는 불투명한 기관인 중국 대사관이 들어서 있어, 온갖 억측이 난무하고 있다).

새뮤얼 카소에 따르면, 50~60명가량의 오이네그 샤베스의 조력자 대부분이 가족과 함께 살해당해 흔적도 없이 사라졌다.[13] 따라서 이들 각자의 이름은 알 길이 없으며, 이들에 대한 기념은 오직 집단적으로만 가능하다. 그럼에도 불구하고 세 사람, 헤르슈 바세르Hersh Wasser와 그의 아내 블루마Bluma —이 부부는 가장 극적인 상황에서 여러 차례 죽음을 모면했다—그리고 라헬 아우에르바흐Rachel Auerbach가 살아남았다. 라헬 아우에르바흐 또한 1942년 7월, 자신의 증언을 아카이브에 추가했는데, 이 증언은 절망이 뒤섞인 복수심으로 강렬한 인상을 준다. 1946년 4월, 여전히 모든 것이 황폐했던 바르샤바에서 게토 봉기 3주년을 기념하기 위해 열린 모임에서 라헬 아우에르바흐는 발언의 기회를 얻었다. 이디시어 작가 멘델 만Mendel Mann은 그날의 기억을 다음과 같이 기록했다. "그녀는 연설을 하지 않았고, 봉기의 '의미를 설명'하는 것도 삼갔다. 그녀는 간청했다! 나를 깊이 감동시킨 완고함으로, 그녀는 요구하고 호소했다. 잊지 말라고, 그녀는 외쳤다. 국가적 보물이 폐허 아래 묻혀 있다고. 린겔블룸 아카이브가 거기 있다고. 그 아카이브를 발굴하기 전까지 우리는 쉴 수 없다고.”14

그러나 전쟁이 끝난 후 라헬 아우에르바흐는 사람들의 회의적인 망설임에 부딪혔는데, 이는 린겔블룸 자신도 이미 전쟁 중 겪어야만 했던 반응이었다. 사람들은 그런 아카이브에 전념할 적절한 시기가 결코 아니라는 듯, 에마누엘 린겔블룸에게 지금 자신들이 몸소 겪고 있는 고통에 대한 아카이브가 무슨 소용이 있냐고, 종종 역사적 관심과는 동떨어진 종교적 관점에서 아카이브를 반대했다.15 이제는 라헬 아우에르바흐가, 그런 하찮은 종이쪽지들을 찾아 땅을 파헤치는 것이 무슨 소용이냐고, 무슨 일이 일어났는지 모두가 잘 알고 있지 않느냐고 하는 반대 의견과 맞닥뜨렸다. “생존자들은 역사가들이 와서 본인들에게 재앙에 대해 이야기해줄 필요가 전혀 없다고 생각했다.”16 그들은 고통을 겪었기 때문에 모든 것을 알고 있다고 믿었다(이는 쇼아를 감정적 또는 형이상학적 절대성으로 경험할 때 나타나는 일반적인 태도이기도 하다).

그러나 끈질긴 노력 끝에 라헬 아우에르바흐는 결국 뜻을 이루었다. 수색이 결정되었지만 쉬운 일은 아니었다. 잔해의 바다로 변해버린 게토에서 거리들은 그 흔적조차 완전히 사라졌고 건물들의 위치도 알 수 없었기 때문이다. 아그니에슈카 카이치크는 지금은〔그것이 있었다는 것조차〕상상 불가능한, 보로호프 학교가 있었던 자리에서, 헤르슈 바세르가 첫번째 은닉 장소를 알고 있었음에도 불구하고 1946년 당시엔 아무것도 알아볼 수 없어 절망했다고 나에게 설명해주었다. 린겔블룸 아카이브의 정확한 '매립지'를 찾아내기 위해 항공사진의 도움을 받아야 했다. 그러나 결국 양철 상자들이 먼저, 그리고 나중에 두 개의 우유통이 지하실에서 발굴되었고, 라헬 아우에르바흐에 따르면 린겔블룸 자신이 어느 날 사용했던 표현인, 흩어진 종잇조각들의 '전설'도 함께 발굴되었다.

나는 오늘, 바르샤바 유대인역사연구소에서 대중에 공개한 그 두 개의 커다란 알루미늄 통 중 하나 앞에 서 있다. 그것은 평범하지만 신비롭다. 그것은 장례에 쓰이는 유골단지와 일반적인 용기容器 사이 중간쯤 되는―그 안에서 하나의 삶 전체가 뛰쳐나와 자신의 죽음에 관한 이야기를 외쳐댈 것만 같은―어떤 물체이다. 그것은 녹이 슬은 것이면서 동시에 젖을 담았던 것이기도 하다. 나는 그 금속 표면을 카메라에 담는다.

그 표면은 완전히 산화되었다. 그것은 지하실의 벽이나 선사시대 동굴의 벽처럼 보인다. 아니면 불에 탄 나무 껍질 같기도 하다. 그도 아니라면, 바닷속 바닥 같기도 하고, 오래전 지도에서 사라진 도시를 찍은 항공사진 같기도 하다.

1   E. Ringelblum, *Journal du ghetto de Varsovie*, p. 327.

2   같은 책, pp. 256, 300.

3   같은 책, p. 30.

4   같은 책, pp. 175, 198.

5   같은 책, pp. 363~64.

6   같은 책, pp. 374~77.

7   같은 책, pp. 76, 109, 116.

8   같은 책, p. 161.

9   같은 책, p. 210.

10   같은 책, pp. 206, 234.

11   같은 책, pp. 239, 243.

12   S. D. Kassow, *Qui écrira notre histoire?*, pp. 513~48.

13   같은 책, p. 218.

14   같은 책, p. 298에서 인용.

15   같은 책, p. 31.

16   같은 책, p. 299.

썩은 종이 뭉치 한 장 한 장이 서로
붙어 있을 때조차 속절없이 사라져가는,
흩어진 셀룰로오스 입자들.

1946년 9월 18일, 헤르슈 바세르가 노볼립키 거리
의 지하실에서 처음 10개의 직사각형 상자를 발굴했을
때, 보물을 되찾았다는 그의 행복감은 순식간에 끔찍한

불안감으로 변해버렸다. "상자 안에서는 물소리가 들렸고, 상자 자체 또한 두꺼운 녹색 곰팡이 층으로 덮여 있었다. 그게 무엇이 되었건, 여전히 읽을 수 있기는 할까? 폴란드의 도서관과 박물관 전문가들이 유대인역사연구소 직원들 앞에서 자료들을 꺼내고 종이를 건조시키는 방법을 보여주었다."[1]

미하우 보르비치Michał Borwicz ─ 내가 청소년기에 읽었던, 바르샤바 게토 봉기에 대한 프랑스어 문집에 나오는 그 '미셸 보르비치'─가 10개의 양철 상자가 처음 발견되었던 그 순간 그 자리에 있었다. 그는 이즈라엘 리흐텐슈타인이 이 상자들을 밀폐할 생각을 미처 하지 못했거나, 더 정확하게는 죽음의 긴박한 상황 속에서 그럴 여유조차 없었다는 것을 낙담하며 깨달았다. 그는 1947년에 다음과 같이 썼다. "〔아카이브의 매립을〕 주도한 사람들은 매립하기 전에 상자들을 용접할 수 없었다. 믿음직한 땅은 독일의 광기로부터 이 아카이브를 지켜냈지만, 아무것도 할 수 없었던 4년 동안 땅속에서의 시간은 상자 안에 물이 스며들게 했고, 그 안에 갇혀 있던 자료들을 손상시켰다. 해로운 곰팡이가 자라났다. 귀중한 자료 뭉치가 습기와 팽창으로 부풀었다. 게다가 자료들은 상자 속에 너무 빽빽하게 들어차 있어서 상자 안쪽 면에 딱 들러붙어 있었다. 그 결과, 습기를 먹어 탄력 있는 하나의 덩어리가 상자를 채우고 있는 것이 한눈에 보였다. 그것을 손상시키지 않고 꺼내기 위해 금속을 잘라냈다."[2]

그러므로 기쁨이 큰 만큼 실망도 컸다. '고통의 보고'가 담긴 10개의 상자를 건져냈지만, 린겔블룸은 언젠가 "20개가 넘는 상자"라고 말하지 않았던가?[3] 2만 5,540쪽에 달하는 아카이브를 찾아냈지만, 대부분 이미 부패해 있었고, 서로 달라붙어 있었고, 곰팡이로 뒤덮여 있었으며, 스며든 물로 인해 많은 부분이 지워져 있었다. 따라서 자료 하나하나를 말리는 꼼꼼한 작업, 특히 한 장 한 장이 갖고 있는 절대적 긴급성과 비교하면 무한히 느리고 역설적인 작업에 착수해야 했다. 현재 바르샤바 유대인역사연구소의 상설 전시에서, 썩은 종이 더미와 단단한 덩어리를 직사각형 상자의 금속 면에서 분리하는 것이 얼마나 섬세한 작업이었는지를 보여주는, 당시에 촬영된 영상을 볼 수 있다.

유대인역사연구소에서 오이네그 샤베스 아카이브와의 첫 만남을 전담했던 안내자는 안나 둔치크-슐츠Anna(Ania) Duńczyk-Szulc였다. 그녀는 매우 비밀스러워 보이는 문을 통해 하얀 벽의 좁은 복도로 나를 안내했다. 이 복도에는 손으로 쓴 파일들이 정리된 선반들, 참고 도서들, 그리고 '철학Filozofia' '심리학Psychologia' '종교Religia' 등과 같은 섹션으로 분류된 서지 카드들로 채워진, 오래된 금속제 서지 목록함이 있었다. 한구석, 붉은색 비상 소방함 위에는, 아마도 전쟁 중 찍은 것으로 보이는, 품에 아이를 안고 있는 여자의 사진 한 장이 덩그러니 놓여 있었다. 안나는 그것이 겔라 섹스타인Gela Sekztajn과 그 딸의 사진이며, 두 사람 모두 1943년 4월 게토 봉기 당시 사망했다고 알려주었다. 아기는 프레임 밖을 보고 있다. 무엇을 보고 있었을까? 우리의 아이들은 나중에 이 모든 역사를, 그들 또한 제 삶의 무언가를 빚지고 있을 이 역사를 어떻게 바라보고, 읽고, 느끼게 될까? 흔히 삶은 실낱같다고 말한다. 그런데 이 실은 우선 아들딸들의 실, 계보의 실이다. 이것이 아마도 오늘날 우리를 이 역사적 아카이브와 연결하는 근본적인 질문일 것이다(물론 이제는 직면하기에 덜 위험한 질문이지만 말이다). 또한 이 역사의 상속자인 우리 자신은 어떻게 하면 우리 아이들에게 이 역사를 마주해 상상하고, 알게 되고, 감동받는 것을 두려워하지 않을 힘, 요컨대 이러한 역사의 불꽃에, **현재에**—윤리적으로, 정치적으로—**응답할** 수 있는 힘을 물려줄 수 있을 것인가?

안나가 문을 열었고, 우리는 차가운 네온 조명이 켜진, 천장이 낮은 작은 방에 들어섰다. 거기에는 커다란 회색 금고 몇 개와 소박한 테이블 하나, 그리고 의자 서너 개밖에 없었다. 그 외에는 한쪽 구석에 쌓아놓은 몇 개의 상자와 환기 시스템, 그리고 벽에 걸린 짙은 색의 나무 액자 속 에마누엘 린겔블룸의 초상사진뿐이었다. 이곳이 아카이브 보관소이다. 커다란 검은 테 안경을 쓴, 이 보관소의 관리자 아그니에슈카 레슈카 Agnieszka Reszka가 열쇠 꾸러미를 들고 있었다. 나는 곧, 이 모든 모습의 이면에서 아키비스트, 혹은 '보물의 수호자'로서 그녀의 깊은 지식과 역사적 책임에 대한 예리한 감각을 알아차리게 될 것이다. 그녀는 열린 마음과 놀라운 관대함으로 나를 환대했다. 그녀는 내가 무엇을 보러 왔는지 이미 알고 있었고 사진 촬영을 허락해주었다. 우리와 함께 라파우 레반도프스키도 조용히 집중해서 바라보며 자신의 휴대전화로 사진을 찍었다.

처음엔 미처 보지 못했던 가구 위에, 1946년 오이네그 샤베스 아카이브의 최초 발견 당시의, 그 유명한 양철 상자 중 하나가 놓여 있었다. 이 상자는 전 세계 박물관과 도서관의 소장품 보존실에서 사용하는 특수한 보존용 판지에 다시 끼워져 있었다. 나는 그것을 사진으로 찍었다. 비록 이제는 잘 건조되어 있고 '상태가 좋아' 보이긴 하지만, 여전히 예전의 녹과 곰팡이 흔적을 지니고 있었다. 상자는 여기저기 상처가 나 있었고, 매우 초라했다. 그 자체로 가난을 보여주는 듯했다. 그럼에도 그 상자는 그 안에 비밀스러운, 아니 어쩌면 무의식적인 아이러니와 저항의 어떤 기운을 품고 있었다. 이즈라엘 리흐텐슈타인과 그의 두 젊은 친구는 독일 신문지 — 지금도 여전히 신문에 실린 광고가 선명하게 보이는 — 를 보호재로 깔고, 그 위에 그들이 수집한 유대인 자료 뭉치를 넣었다. 누렇게 변색된 이 신문지가 아직도 금속 상자 바닥에 달라붙어 있다.

1 S. D. Kassow, *Qui écrira notre histoire?*, p. 17.

2 같은 책, p. 315에서 인용.

3 같은 책, p. 317에서 인용.

바르샤바 게토에서 트레블링카로 이송된
유대인들이 가축 수송 열차에서 던진,
흩어진 편지들lettres. 이 편지들이 땅속에
파묻혔을 때 그 단어와 문장을 구성하고 있었던,
흩어진 글자들lettres. 신이 숭고한 질서로 결합하여
세상을 창조했다고 전해지는, **흩어진** 문자들lettres.

침수되었던 상자에서 꺼낸 린겔블룸 아카이브의 종이들은, 미하우 보르비치가 말했던 것처럼, 물에 부풀어 서로 달라붙어 있었고, 형태를 잃어 읽을 수 없게 될 위험에 처해 있었다. 마치 바다에서 건져낸 익사체의 몸과도 같았다. 이런 조건에서 무엇을 읽을 수 있단 말인가? 어떻게 읽을 수 있다는 것일까? 나는 이 종이들 일부를 사진으로 찍는다. 나는 조각나고, 부스러지고, 온전치 못한 그 모습에 충격을 받는다. 그것들은 마치 가난한 게토 거리의 아이들이 옷이랍시고 몸에 걸친 넝마 조각처럼, 문장들이 끊어지고 찢겨 끝내 무슨 말을 하고 싶었는지 결코 이해될 수 없게 된 언어와도 같다. 내가 찍은 사진들 중 어떤 것은 '실패했기' 때문에 아마 이 책에 게재될 수 없을 것이다. 그러나 그것을 자세히 들여다보면서, 나는 그 실패가 문서 자체에 내재된 이유, 그리고 내가 사용한 카메라라는 기술적 수단에 내재된 이유에서 비롯된 것임을 깨닫게 된다. 그때 내 눈앞에 있었던 것을 조금 더 잘 이해하기 위해서 그 사진은 '실패했'어야만 했다.

아카이브를 방문했을 때 나를 맞이한 사람들은 한편으로는 자료들에 대한 나의 '역사적인' 또는 '문헌학

적인' 시선과, 다른 한편으로는 슬그머니 대수롭지 않
게 진행되었던 나의 '아마추어적인' 사진 촬영 방식 사
이의 연관성을 짐작하기 어려웠을 것이다. 그래서 나는
무심한 척 '이미지를 훔쳐야voler les images' 했다(하지만
나는 그러한 제약을 좋아한다). 나는 매번 매우 빠르고
조심스럽게 움직여야 했으며, 내 카메라는 나의 '재빠
른au vol' 사진 촬영 행위 자체를 눈치채지 못하게 할 만
큼 아주 작았다. 보통 그것은 불과 몇 초 만에 끝나는
일이다. 〔그런 시간적 제약으로 인해〕 대부분의 이미지
들은 얼핏 보일 뿐이다. 그래서 나는 카메라를, 나를 절
로 미소 짓게 만드는 표현인, '스마트 자동' 모드로 설정
했다. 이는 카메라 자체가 촬영 순간의 초점과 밝기를,
내 의도와는 상관없이, 때로는 매우 잘, 때로는 매우 서
투르게 스스로 결정한다는 뜻이다.

　습기로 인해 글자가 거의 완전히 지워진 종이 앞
에서, 이 '스마트한' 기계는 무엇을 해야 할지 몰랐다.
기계는 볼 줄도, 결정할 줄도, 초점을 맞출 줄도 몰랐
다. 보아야 할 것이 **애초에 흐릿했기** 때문이다. 내가 역
사적 지식 자체에 대한 알레고리로 외삽하고 싶은 흥
미로운 교훈이 바로 여기에 있다. 사실, '초점을 맞춘다

는 것'이 아무런 소용이 없는 사물들, 존재들, 사건들이 존재한다. 광학적으로나 인식론적으로나 이 표현이 가질 수 있는 모든 의미에서 말이다. 왜 그러할까? 자료 자체의 현실을, 그리고 결과적으로 그 자료의 가독성의 조건을 독특한 방식으로 복잡하게 만드는 어떤 실재가 이 현실에 뒤섞였기 때문이다.

아니면, 은밀히 스며들거나 거세게 밀어닥치는 파도와도 같은 감정이 이 모든 것 위로 지나갔기 때문일 것이다. 바르샤바 유대인역사연구소에 보관된 이디시어, 히브리어, 또는 폴란드어로 된 이 글들, 지하의 물에 잠겼던 이 종이들 앞에서, 나는 코츠크의 랍비 메나헴 멘델이 쓰라린 절망의 눈물로 그의 글을 지우던 모습을 다시 떠올리지 않을 수 없었다. 이것은 마치 오이네그 샤베스의 자료들이 두 번 물에 잠긴 것과도 같다. 한 번은 악조건의 바르샤바 지하에 찬 물 속에, 다른 한 번은 이 자료들이 증언하는 눈물의 감동적인 물 속에. 이 자료들이 여전히 읽을 만한 가치가 있다면, 이 종이들에 적힌 메시지 ― 그 의미, 그 호소 ― 가 글쓰기의 윤리에 전적으로 의존하고 있기 때문이다. 글쓰기가 전달하고 재구성하고자 하는 고통의 외침 앞에서 글쓰기에 내재된 본질적인 취약함을 외면하지 않는 윤리 말이다. 구스타바 야레츠카는 결국 (물론 글로) 다음과 같이 말했다. "우리는 목줄에 묶여 있다. 압박이 잠시라도 느슨해지면, 우리는 비명을 지른다. 그 중요성을 과소평가하지 말자. 역사 속에서 이런 종류의 외침은 거듭 반복되었다. 그 외침은 오랫동안 헛되이 울렸고, 훨씬 나중에야 메아리를 만들어냈다. 문서와 고통의 외침, 객관성과 열정은 서로 양립하기 어렵다. 〔…〕 글쓰기의 욕망은 말에 대한 반감만큼이나 강하다. 우리는 말이 공허함이나 비열함을 가리는 데 너무 자주 사용되었다는 이유로 말을 혐오한다. 우리는, 우리를 뒤흔드는 감정에 비해 말은 밋밋해지기 일쑤라서 말을 경멸한다. 그러나 말은, 한때 인간의 존엄성과 동의어였고 인간의 가장 소중한 자산이었다."[1]

오이네그 샤베스의 주요 구성원 가운데 또 다른 메나헴 멘델이 있었다. '코츠크'의 메나헴 멘델이 아니라, '콘Kohn'이라는 이름의 메나헴 멘델이었다. 게토에 대한 그의 연대기에서 발췌한 한 문장이 바르샤바 유대인역사연구소의 전시장 벽면에 크게 적혀 있다. 그 문장은 "상상과 묘사를 초월한" 것에 대해 말하고 있다. 특히 그것이 쓰인 맥락을 고려할 때, 합당하고 납득할 만한 문장이다. 그러나 메나헴 멘델 콘은 코츠크의 랍비 메나헴 멘델과는 달리, 그리고 '상상 불가능한 것'을 불변의 법칙으로 여겼던 동시대 사람들과는 달리, 이러한 근본적인 결핍에서, 이러한 확신에서 자동적으로 기대할 수 있는 것과는 완전히 다른 결론을 도출했다. 우리가 겪는 고통은 언제나 상상과 묘사를 초월하기 때문에, 오히려 우리는 수많은 이미지들을 불러내야 하는데, 그러기 위해서는 많이 쓰고 많이 묘사해야 한다는 것이다. "제 생각에, 독일인들이 저지른 일에 대해 각자가 자신이 보고 들은 것을 쓰는 것은, 글쓰기에 유능하든 아니든, 우리 모두의 신성한 의무입니다. 〔…〕 단 하나의 사실도 빠뜨리지 말고 모든 것을 기록해야 합니다. 그리고 때가 오면—그때는 반드시 올 것입니다—세상은 학살자들이 저지른 짓을 알게 될 것입니다. 슬픔에 잠긴 사람들이 이 시대에 대해 쓴 것이 그들의 가장 중요한 자료가 될 것입니다."[2]

그러므로 메나헴 멘델 콘은 다음과 같이 단언하는 지혜를 가졌던 것이다. 즉, 고통과 애도에 대해, 그리고 묘사 불가능한 것l'indescriptible의 감정에 대해, 단지 눈물로만 ― 물론 눈물은 흐르겠지만 ― 그리고 형이상학이나 신학으로 격상된 절망의 절대성으로만 응답해서는 안 된다고 말이다. 여전히, 그리고 무엇보다 **역사의 글쓰기**를 통해, 다시 말해 이 '고통의 보고'를 전 세계 법정에 제출하는 것으로 대응해야만 한다. (전혀 다른 맥락에서 미셸 드 세르토Michel de Certeau는, 역사가의 작업 덕분에 "자신들의 무덤에서 조금은 위안을 얻은 〔…〕 영혼들"이라고 말한 미슐레Jules Michelet를 인용하면서, 역사의 글쓰기를 경건한 장례의식의 행위, **진술**의 행위 ― 내 생각엔, 법적 차원으로도 이해되어야 하는 ― 와 비교한 바 있다.[3])

그렇기는 하지만, 메나헴 멘델 콘 또한 코츠크의 랍비 못지않게 종종 분노와 의분을 표출하곤 했는데, 특히 게토의 유대인들에게서 목격되는 특정 행동들에 대해서 그런 감정 표현은 더욱 격렬하게 나타났다. 새뮤얼 카소는 심지어 "메나헴 멘델 콘이 자신의 유대인 형제들에게 느낀 실망감"에 대해서 말한다. 특히 독일군의 대량 검거가 있었을 때 '제 살길 찾기' '자기 자신만 챙기기'가 만연했고, 상호부조에 대한 모든 윤리적, 정치적 망각이 팽배했는데, 그런 상황이 1942년 8월

6일 극적인 형태의 고통으로 표출되었음을 언급하고 있다.[4] 카소는 그럼에도 메나헴 멘델 콘이 "1943년 4월 세상을 뜰 때까지 아카이브를 위해 쉬지 않고 일했다"[5]는 것을 상기시킨다. 즉, 그는 박해받는 유대인 형제들의 증언을, 그 희망과 절망, 그 장점과 약점 모두를 기록하는 일을 끝까지 포기하지 않았다.

타데우시 엡슈테인Tadeusz Epsztein의 학술적 지도하에 1997년 출판된 린겔블룸 아카이브의 첫번째 자료집의 제목은 『폴란드 유대인 몰살에 관한 편지들』로, 루타 사코프스카가 본문을 문헌학적으로 작성했다.[6] 이 책은 말하자면, 곧 익사할 사람들이 다른 사람들에게 쓴 ─ 바다에 던진 ─ 편지, 쪽지, 엽서 모음집으로, 우리는 이 다른 사람들 또한 익사했는지 아니면 살아남았는지 알지 못한다. 이 부름들은 그 전체가 모두, 혹은 그 하나하나가 각각, 거대한 역사의 마지막 파편들, 무너지는 삶들이 광적으로 접속한 마지막 파편들처럼 보인다. "사람들 말이 당신이 있는 곳〔바르샤바 게토〕에서 매일 10〔000〕명씩 끌려간다더군요. 여기라고 사정이 좋은 건 아니에요. 우리는 살얼음판 위를 걷는 것처럼 위태롭게 살고 있어요"라고 브론카 구르나Bronka

Górna는 1942년 4월 9일 파흐트Pacht 게토에서 그녀의 남편에게 편지를 썼다.[7]

이 메시지들을 읽으면서, 우리는 거대한 죽음의 기계에 짓밟힌 한 민족 전체에 의해 — 대체로 급박한 상황 속에서 — 표현된 모든 도정과 모든 시련에 직면하게 된다. 물론 우리가 읽을 수 있는 것은 절멸 과정의 전체 규모에 비하면 지극히 일부에 불과한, 남겨진 것들뿐이다. 하지만 적어도 우리는 그것을 마치 돋보기를 통해 보듯이 미시적으로, 몇몇 흔적을 남긴 각 상황 자체의 내밀성 속에서 읽어낸다. 우리는 그 안에서 유일한 개개인의 감정을 느낀다. 비록 각자 서로 다른 감정들로 **흩어져** 있을지라도, 모두 공통된 역사 속에 놓여 있다. 우리는, 응원하고자 하는 표현들 속에서조차 낙담을 먼저 읽는다. "사랑하는 엄마, 너무 애태우지 마세요. 어쩔 수 없는 일이에요."[8] 1942년 1월과 2월에 크로시니에비체Krośniewice 게토에서 루자 카프완Róża Kapłan이 그녀의 오빠와 올케에게 쓴 13통의 편지는 불안과 싸우는, 나아가 광기와 싸우는 그녀의 모습을 보여준다. "마음이 편치 않아서, 편지를 쓸지 말지 고민했어. 괜찮아질 거야. […] 오빠는 우리더러 떠날 준비를 하라고 했지. 나는 지금 신경이 날카로워져 있으니, 내가 하는 말에 괘념치 말아줘. 〔…〕 내가 여태 미치지 않은 건 정말 기적이야. 〔…〕 나를 이해해줘. 어쩔 수가 없어. 이해해줘. 우리가 언젠가 다시 만날 수 있기를. 안녕.”[9]

이 글들은 하나하나가, 절제된 방식으로든 격앙된 방식으로든, 한탄을 담고 있다. 많은 글들이 게르숌 숄렘이 강조하고자 했던 근본적인 실존적 가치, 즉 “존재한다는 것은 탄식이 솟아나는 원천이라는 뜻이다”라는, 이 키나의—대중적이지만 결코 판에 박히지 않은—차원을 취하고 있다. 루자 카프완은 1942년 1월 20일에 “차라리 태어나지 않았더라면”이라고 썼다.[10] “죽음이 우리 눈앞에 어른거립니다”라는 글도 다른 곳에서 읽을 수 있다.[11] “삶은 두려움의 연속입니다. 당신은 상상할 수 없을 거예요. 〔…〕 우리에게 무슨 일이 일어날지, 뭘 해야 할지 모르겠습니다. 차라리 죽는 편이 나을 것 같아요. 〔…〕 사랑하는 프라니아! 저는 지금 손이 떨리고 피눈물이 흘러내려 아무것도 보이지 않는 그런 순간에 이 글을 쓰고 있습니다. 〔…〕 이제 무슨 일이 일어날지 당신에게 말할 수조차 없는 상황이에요. 이전에 일어났던 모든 일은 그에 비하면 그저 웃음거리에 지나지 않기〔때문이죠〕.〔…〕이 편지는 제 머릿속만큼이나 혼란스럽네요. 이제 작별 인사를 전합니다. 안녕히."[12]

오이네그 샤베스가 수집한 편지들에서는 신앙을 통해 간절히 붙들고 있는 희망도 발견된다. 그래서 서로 어긋나는 감정들이 얽힌 채 터져 나온다. 그것은 좌절로 엮인 희망이다. "나쁜 일도 좋은 일도 끝이 있기 마련이니 희망을 잃어서는 안 된다. 이토록 힘든 시간이 지나면 좋은 시절이 반드시 돌아올 것이다.〔…〕왜냐하면 우리 앞에는 미래와 세계가 있기 때문이다"라고 1942년 1월 7일 펠라 립스카Fela Rybska는 사촌 에셰르 타우베Eszer Taube에게 보내는 편지에 썼다.[13] 그의 형제인 시몬 요세프 타우베Szymon Josef Taube는 같은 해 10월 10일 라우타베르크 쥐트Lautawerk Süd의 강제노동수용소에서 다음과 같이 썼다. "지금은 안식일이 끝난 저녁이야. 나는 앉아서, 나 자신도 잘 알 수 없는 무엇인가를 휘갈겨 쓰고 있어. 네 엽서를 받았을 때 나는 기뻐서 눈물을 흘렸어. 그런데 그것을 읽을 땐 슬퍼서 눈물이 흐르더구나."[14] 누군가로부터 신호를 받는 것은 기쁨의 눈물을 흘리게 했지만, 그 신호의 의미를 이해하는 것은 슬픔의 눈물을 흘리게 했다.

이렇게 모든 것이 뒤섞인다. 행복과 절망이, 기쁨의 눈물과 고통의 눈물이. "우리가 얼마나 절망적일지 상상해보렴. 그래도 우리는 네 편지를 받고 얼마나 기뻤는지 몰라. 기뻐서 눈물을 흘렸지."[15] 정작 신은 어디에도 없는 것만 같았지만, 신에게 기댈 수밖에 없었다. "어떻게 해야 할까요? 어쩌면 기적이 일어날지도 몰라요. 〔…〕 우리를 잊지 마세요. 다 잘될 거예요. 신께서 우리가 다시 만날 수 있게 해주시기를 〔…〕. 그저 〔자비로운〕 신께서 곧 우리를 구원하시길 바란다는 말 외에 달리 무슨 말을 해야 할지 모르겠어요."[16] 그리고 마침내, 가장 단순한 신호, 불가능한 것에 인간적으로 맞서라는 호소가 있다. 1942년 6월 1일 바르샤바 게토의 헤할루츠-드로르Hehaluts-Dror의 비밀 키부츠Kibbutz*에 보낸 편지에서처럼, "당신이 할 수 있는 모든 최선을 다 하십시오. 버티십시오"와 같은 문구를 자주 발견할 수

* '키부츠'는 1910년, 당시 팔레스타인에 설립된 데가니아 알레프Dega-nia Alef를 시작으로, 사회주의와 시오니즘을 결합하여 노동 시오니즘의 형태로 조직된 이스라엘의 농업 기반 자치 공동체를 말한다.

있다.[17] 이츠호크 기테르만Itskhok Giterman의 한 친구는 1942년 4월 빌노Wilno 게토에서 그에게 이렇게 썼다. "우리 중 누군가 무엇인가를 하면서 자신이 좋은 일을 하고 있다고 믿는 사람은 기뻐하며 하늘에 계신 분께 감사드린다. 〔…〕 이는 그의 영혼이 조금이나마 고양되는 느낌을 준다."[18]

이 진술은 중의적이고 불확실하다. 영혼은 아마도 '고양'될지 모른다. 혹은 적어도 그런 느낌을 받게 될 것이다. 그러나 그러한 윤리적 상승은, 그것이 나타나는 만연한 지옥 속에서라면, 하나의 주관적인 인상보다 더 덧없고 더 취약한 어떤 것, 즉 '환상'에 불과한 것은 아닐까? 하지만 에마누엘 린겔블룸과 그의 동료들이 이 소소한 증언들을 그토록 많이 수집했다는 사실 자체는, 그것이 그렇지 않다는 것을 보여준다. "영혼이 조금이나마 고양되는" 이 모든 몸짓이 무력하고 비효율적이라 해도 그러한 몸짓에서 아무런 힘도 빼앗지 못할 것이다. 몇몇 증언들을 읽으면서 오늘날 우리가 여전히 감탄할 수밖에 없는, 그 몸짓들의 완고한 힘을.

1 S. D. Kassow, *Qui écrira notre histoire?*, p. 23에서 인용.

2 같은 책, p. 229에서 인용.

3 M. de Certeau, *L'Écriture de l'histoire*, Paris: Gallimard, 1975, pp. 7~8.

4 S. D. Kassow, *Qui écrira notre histoire?*, p. 230.

5 같은 책, p. 231.

6 *Archives Ringelblum. Archives clandestines du ghetto de Varsovie, I. Lettres sur l'anéantissement des Juifs de Pologne*(이 번역본의 원본은 *Archiwum Ringelbluma. Konspiracyjne Archiwum Getta Warszawy, I. Listy o Zagładzie*, éd. R. Sakowska, Varsovie, Żydowski Instytut Historyczny im. Emanuela Ringelbluma, 1997〔rééd. 2017〕).

7 같은 책, p. 182.

8 같은 책, p. 47.

9 같은 책, pp. 69~70, 85~86.

10 같은 책, p. 71.

11 같은 책, p. 115.

12 같은 책, pp. 118, 136, 168.

13 같은 책, pp. 216~17.

14 같은 책, p. 223.

15 같은 책, p. 139.

16 같은 책, pp. 81, 187, 202.

17 같은 책, p. 171.

18 같은 책, p. 129.

작별 인사나 최후의 문장을 쓰게 되는,
흩어진 이유들. 그것이 물리적 파괴를 피할 수
있을지, 미래에 누군가 그것을 받아 보존하고
읽고 이해할 수 있을지 알 수 없다. 지금의
역사가 그럴 가능성을 더욱 희박하게 만들기
때문이다.

바르샤바 유대인역사연구소의 현재 소장인 파베우 시피에바크Paweł Śpiewak는 린겔블룸 아카이브에 대한 연구서 『오이네그 샤베스에게 보내는 편지』에서 "죽음에는 많은 이름이 있다"라고 담담하게 썼다.[1] 이는 한 역사학자가 바르샤바 게토 안에서 그 자신의 '연구 주제'와 동일한 실존적 조건을 공유하고 있었음을, 다시 말해 너무나 극단적이고 전면적이었던 까닭에 오랫동안 많은 사람들이 이해하지 못하고 '상상 불가능한' 것으로 여겨졌던 독일의 결정에 의해 곧 죽을 운명에 처해 있었음을 상기시킨다. 이는 요컨대, 린겔블룸이 그의 게토 일기에서 때때로 라틴어로 모리투리morituri, 즉 죽을 운명의 사람들이라고 불렀던,[2] 이 죽어가는 사람들이 비록 자신의 운명을 결코 바꿀 수 없었음에도 서로 편지를 주고받는 일을 멈추지 않았던 것과도 같다. 하지만 그것은, 한편으로는 인간 존엄성에 대한 그들 자신의 감정에, 다른 한편으로는 우리 자신의 윤리적 책임에, 다시 말해 오늘날 우리가 처한 역사적, 정치적, 도덕적 맥락에서 **그에 응답하고 책임질** 수 있는 능력에 어떤 변화를 가져오기 위한 것이기도 하다. 파베우 시피에바크는 그의 글에서, 트레블링카의 생존자였던

그의 장인이, 가스실에서 목숨을 잃은 딸들에게 각자의 기일마다 어떻게 편지를 썼는지 이야기하고 있다.[3]

작별 편지란 무엇일까? 그것은 삶의 — 또한 사랑의 — 흔적이자, 동시에 죽음의 흔적이다. 나는 안나 둔치크-슐츠와 함께, 첫번째 아카이브 상자들 앞에 서 있다. 나는 그 상자들 안에 들어 있던 작은 종잇조각 하나를 사진에 담으려 한다. 이 종잇조각은 '물에 잠겼었지만' 그럼에도 살아남았다. 이것은 오이네그 샤베스 아카이브의 매립 작업 당시 이즈라엘 리흐텐슈타인을 도왔던 청년, 다비드 그라베르가 1942년 8월 3일, 노볼립키 거리의 비밀 학교 지하실에 자료들을 숨기려 했을 때, 마지막 순간 상자에 밀어 넣었던 것이다. 그 종이는 거의 읽을 수 없고, 왼쪽에는 커다란 파란색 자국 — 색바랜 잉크 자국일까? — 이 남아 있다. 그러나 여전히 그것은 부분적이긴 해도, 정성 들여 쓴 신중한 글씨체를 보여주고 있다. 학생의 필체로, 어떤 긴장감도 엿보이지 않는다.

그것은 열아홉 살 소년의 개인적 유언장이자, 최후의 순간까지 체계적으로 이어졌던 집단적 작업의 자료이다. 처음에 쓰인 편지는 미래의 세계에 보내는 — 호소하는—것이었다. "우리가 당대의 세계를 향해 외치고 울부짖을 수 없었던 것을, 우리는 땅속에 묻습니다. [···] 나는 이 소중한 보물이 언젠가 발굴되어 세상에 진실을 외치는 순간을 정말로 보고 싶습니다. 세상이 모든 것을 알게 되기를. [···] 이제 우리는 평화롭게 죽을 수 있습니다. 우리는 우리의 임무를 완수했습니다. 역사가 우리를 위해 증언해주기를 바랍니다."⁴ 다비드 그라베르는 마지막 순간에 추신을 덧붙였다. "주변의 거리가 포위되었습니다. 우리는 모두 열에 들떠 있습니다. 긴장하며 최악의 상황에 대비하고 있습니다. 우리는 서두르고 있습니다. 아마도 곧 마지막 매립을 하게 될 것입니다. 리흐텐슈타인 동지는 신경이 곤두서 있습니다. 그지바치는 조금 겁을 먹은 듯합니다. 저는 초연한 상태입니다. 왠지 알 수 없지만 이 모든 격정에서 벗어날 수 있을 거라는 기분이 듭니다. 좋은 하루 보내세요. 우리는 [상자들을] 땅속에 묻기 위해 그저 우리가 할 수 있는 일을 해야만 합니다. 네, 오늘도 우리는 그것을 잊지 않습니다. 마지막 순간까지 작업할 겁니다. 8월 3일 월요일, 오후 4시."⁵

"리흐텐슈타인 동지"는 "신경이 곤두서" 있다는 수

식어는, 아주 미약하게나마 그 순간의 잔혹했던 엄숙함을 증언한다. 리흐텐슈타인은 바르샤바 유대 민족의 운명에 대해 세상에 경종을 울리기 위해 그토록 노력했던 자신의 이름을 사람들이 기억해주기를 바란다고 유언장에 썼다. 나는, 그가 이 유언장을 남기는 의도가 무엇보다 자신의 아내 겔라 섹스타인Gela Sekztajn(혹은 겔레 섹스테인Gele Sekstein)과 어린 딸 마르갈리트Margalit를 기억해 달라고 호소하기 위한 것이었다고 말하는 부분을 읽었을 때 가슴이 미어졌다. 아카이브의 복도에서 나를 사로잡았던 사진 속 그 모녀였다. "제 소원은 사람들이 제 아내 겔레 섹스테인을 기억해주는 것입니다. 그녀는 전쟁 기간 동안 수년을 아이들 곁에서 교육자이자 교사로 일했으며, 아동극을 위한 무대와 의상을 준비했습니다. 〔…〕 우리 둘 다 죽음을 맞이할 준비가 되어 있습니다. 제 소원은 사람들이 제 딸을 기억해주는 것입니다. 마르갈리트는 이제 겨우 20개월밖에 되지 않았지만, 이디시어를 아주 잘 배우고 있고 매우 유창하게 말합니다. 생후 9개월부터 이디시어를 또렷하게 말하기 시작했습니다. 서너 살 아이만큼이나 영리합니다. 〔…〕 저는 저나 제 아내의 운명에 대해서는 슬퍼

하지 않습니다. 그저 이 사랑스럽고 재능 많은 딸아이가 가여울 따름입니다. 이 아이 또한 기억될 자격이 있습니다."[6]

리흐텐슈타인의 자료 매립 작업을 도왔던 또 다른 소년은 다음과 같이 썼다. "저는 서둘러 부모님 댁으로 달려가 그들이 무사한지 확인하려고 합니다. 저에게 무슨 일이 일어날지 모르겠습니다. **기억해주세요. 제 이름은 나훔 그지바치입니다.**"[7] 자신의 동포들이 잊히지 않게 그토록 애써 증언들을 수집했던 사람이, 자기 자신이 역사에서 지워질지도 모른다는 불안감을 갑자기 느끼게 되는 참담한 역설. 그리고 사실 이 수천 장의 흩어진 기록들의 공통된 특징은 그 모두가 — 전체를 보든, 각각을 따로, 각각의 방식으로 하나하나 살펴보든 — 유언이라는 사실, 즉 작별 편지이자 매번 **마지막으로 쓴 글들**이라는 사실에서 드러난다. 오이네그 샤베스의 조사원들은 여기저기서 종말에 대한 이 최후의 증언들을 수집하기 위해 엄청난 에너지를 쏟아부었을 것이다. "점점 더 옥죄어 오고 있습니다"(1942년 5월 5일, 마샤 알트만Masza Altman)… "또 어떤 이동이 될지, 우리는 알 수 없습니다"(1942년 5월, 헬라 박슈토크Hela Waksztok)… "우리는 최후의 준비를 하고 있습니다. 아마도 내일 그곳으로 이송될 것이기 때문입니다. 〔…〕 아무것도 할 수 있는 게 없네요. 〔…〕 오늘이 마지막 밤입니다"(1942년 12월 13일, 프원스크Płońsk 게토에서 신원 미상의 살라Sala)…[8]

우리는 헤움노Chełmno 수용소 근처에서 수집된 글들도 읽을 수 있다. "시간이 촉박합니다. 그러니 필요한 모든 조치를 취하십시오. 그들은 이미 크워다바Kłodawa 사람들을 데려가고 있습니다"(1942년 1월)… "시간이 얼마 남지 않았다는 것을 알고 있습니다. 〔…〕 여러분 모두에게 용서를 구합니다"(1942년 2월)… "우리는 곧 작별 인사를 하게 될 것입니다"(1942년 3월)…[9] 또한, 다른 많은 사례 중에서 1942년 12월 16일과 17일에 프원스크의 유대인들이 아우슈비츠로 향하는 열차에서 던진 여섯 통의 편지 묶음도 읽을 수 있다. "아침입니다. 우리 가족 모두 객차에 타고 있습니다. 우리는 마지막 이송자 그룹과 함께 떠납니다. 〔…〕 프라가Praga 역에 정차했을 때 몇 자 적습니다. 우리가 어디로 가는지 모르겠어요. 잘 지내십시오. 〔…〕 희망을 가지세요. 아직은 모르기 때문에 새 주소를 알려드리지 못합니

다. 안녕히, 따뜻한 마음을 전합니다. 〔…〕 우리는 타르
노프스키에 구리Tarnowskie Góry나 아우슈비츠로 보내질
것 같습니다. 〔…〕 너무나 외롭습니다."[10]

1 P. Śpiewak, "Death Has Many Names," trad. D. Gajewska, *Letters to Oneg Shabbat*, Varsovie: Emanuel Ringelblum Jewish Historical Institute, 2017, pp. 119~32.

2 E. Ringelblum, *Journal du ghetto de Varsovie*, p. 381.

3 P. Śpiewak, "Death Has Many Names," p. 129.

4 S. D. Kassow, *Qui écrira notre histoire?*, p. 18에서 인용.

5 같은 책, p. 19에서 인용.

6 같은 책, p. 19에서 인용.

7 같은 책, p. 20에서 인용(강조는 원문).

8 *Archives Ringelblum. Archives clandestines du ghetto de Varsovie, I. Lettres sur l'anéantissement des Juifs de Pologne*, pp. 158, 185, 258~59.

9 같은 책, pp. 58, 87, 151.

10 같은 책, pp. 263, 266~68.

도사리고 있는 위험을 알리려는, **흩어진** 시도들.
박해자들의 거짓말과 박해받는 자들의 순진함
사이에서 길을 찾기 어렵기에, 숙명적으로
흩어진 시도들.

『폴란드 유대인 몰살에 관한 편지들』에 할애된 오
이네그 샤베스 아카이브 대부분은 비통한 메시지들, 간

절한 호소들로 채워져 있다. 그런데 여기서 끊임없이 요청되었던 것은, 대개 수신인의 단순한 '소식'에 불과했다. 이를테면 "내게 네 소식을 전해줘"는 "나에게 말해줘. 내가 완전히 혼자가 아니라고, 네가 아직 살아 있다고 얘기해줘"를 의미했다. 각자 이런 상황 속에서 다른 사람에게 애원했다. 대답해 달라고, 잊지 말아 달라고, 그저 계속해서 살아 있으라고. 새로운 시련이 가져오는 비탄과 고독 속에서도 인간 공동체라는 생각이 살아남을 수 있도록 하기 위해. 따라서 이 편지들에서 가장 자주 등장하는 표현은 "제발 빨리 답장해줘"이다. 그것은 두려움과 불행 속에 홀로 남은 흩어진 주체들이, 자신의 동포 가운데 한 사람이 여전히 그곳에 살아남아 자신의 목소리를 듣고, 서로 도울 수 있는 일을 상상하고, **이 불행을 함께 나눌** 수 있는지를 필사적으로 알고 싶어 하는 표현이다. "답장해줘"는, 여전히 상호주체성에 대한 이야기를 하고 있을 따름이다. 반면, "빨리 답장해줘"는, 그에 대한 답장이 그야말로 긴급한 사안처럼 기다려짐을, 즉 중차대한 시간의 문제로, 다시 말해 생사의 문제로 여겨지고 있음을 시사한다.

이 수많은 유일한 상황들의 흩어짐 속에서, 목소리

를 듣고, 편지를 읽고, 호소이자 동시에 경보인 이 글들에 사용된 표현들 가운데 몇몇을 옮겨 적는 것만으로 충분할 것이다. 다음은 내가 훑어본 순서대로 옮긴 것이다. "당신에게 먹을 것이 남아 있기를 바라요. […] 당신이 버틸 수 있기를 바랍니다"(1942년 1월 21일)… "제발 즉시 답장해주세요. 아무런 말도 전해 듣지 못했기에, 답장을 받는다면 큰 위안이 될 거예요"(1942년 2월 13일)… "편지를 쓸 때마다 이것이 마지막이라는 생각이 들어요"(1942년 1월 21일)… "구치아, 너의 약속을 잊지 마. 나는 기다리고, 기다리고, 또 기다리고 있어. […] 구치아, 잊지 마. 하루하루가 너무나 길구나"(1942년 2월 22일)… "당신에게서 온 말 한마디가 우리에게 얼마나 큰 의미인지 당신은 모를 겁니다"(1942년 3월 3일)… "사랑하는 슐라메크! 당신의 편지를 받고, 나 또한 우리 운명에 눈물을 흘렸어요. […] 나머지 가족들이 살아 있는지 가르쳐주세요"(1942년 2월 11일)… "당신에게 어떤 도움을 요청하는 것이 아니라, 단지 어떻게 지내는지 알고 싶을 뿐이에요"(1942년 8월 11일)… "당신에게 이미 수백 번이나 편지를 쓰고 전화를 걸었지만, 아무런 답도, 흔적도 없네요. […] 몇 마디라도 좋으니 꼭 연락해주세요"(1942년 8월 12일)…
"어떻게 지내시나요? 왜 우리에게 편지를 쓰지 않으시
나요? 너무나 걱정하고 있으니, 제발 빨리 우리에게 편
지를 보내주세요. 집에 계신 건가요? 아니면 '이주해야'
하는 상황인가요? 가족 모두, 아니면 몇 명만? 곧장 편
지를 써주세요! 〔…〕 단 몇 마디라도 좋으니"(1942년
7월 26일~8월 21일)… "나의 부모님 소식을 알고 있어?
위베르만 삼촌은 지금 어디에서 지내고 계시니?"(1942년
10월 28일)…[1]

1942년 2월 11일의 편지에서 언급된 '슐라메크
Szlamek'는 매우 중요한 인물이다. 헤움노 절멸수용소에
서 존더코만도Sonderkommando의 일원이었던 그는, 그곳
에서 탈출한 극소수의 사람 중 하나였으며, 특수 트럭
에서 자행된 가스 학살 작전에 대한 매우 상세한 보고
서를 오이네그 샤베스 그룹에 제공했다. 아그니에슈카
레슈카가 린겔블룸 아카이브의 작은 자료실에서 내 눈
앞에 슐라메크의 작은 사진이 들어 있는 흰 종이를 펼
쳐 보인다. 그 사진에는 헤르슈 바세르에게 증정되었다
고 적혀 있다. 헤르슈 바세르는 1942년 1월 말 또는 2월
에 수용소를 탈출한 슐라메크를 체계적으로 인터뷰하

여, 오이네그 샤베스가 그의 증언을 게토의 특정 지도
자들, 분트 활동가들, 시온주의자들, 〔미국의〕 유대인
공동분배위원회Joint Distribution Committee, 그리고 정치
참여적인 청년운동 단체들에 전달할 수 있게 했다. 게
슈타포의 맹렬한 추격을 받았던 슐라메크는 바르샤바
게토에서 탈출했지만, 4월에 체포되어 베우제츠Bełżec
수용소에서 가스실로 보내졌다.[2]

또한 오이네그 샤베스의 아키비스트-활동가들은
1942년 9월 4일 자 우편엽서 한 장을 획득하는데, 숙련
된 눈은 그것이 트레블링카의 절멸수용소를 급하게 그
린 지도라는 것을 알아볼 수 있었다.[3] 보통 폴란드의
여러 게토에 거주하는 유대인들이 서로 주고받았던 **호
소**의 편지들은 **눈물**larmes과 탄식의 상태를 넘어 **경보**
alarmes 역할을 했고, 행동을 촉구하거나 도피하라는 내
용을 자주 담고 있었다. 무장봉기에 대한 호소는 조금
더 늦게 1943년이 되어서야 나타났다. 한편으로는 나
치의 검열과 거짓말, 다른 한편으로는 유대인 주민들
사이에 떠도는 소문과 믿음으로 인해 혼란스러워진 세
상에서, 사태를 정확히 이해하고 무언가를 **알기** 위해서
는 오랜 시간이 필요했다는 듯 말이다. 1942년 3월 3일,

어느 딸은 그녀의 아버지에게 "우리가 알 수 있는 이 모든 것이 우리에겐 별 도움이 되지 않을 거예요. 할 수 있는 게 아무것도 없어요. [⋯] 중요한 건, 잘 끝나는 거지요"라고 썼다.[4] 같은 시기, 브론카 구르나는 파흐트 게토에서 "최악은 여러 버전의 다른 이야기들이 떠돌고 있다는 거예요"라고 토로했다.[5]

그러나 많은 사람들이 그날그날의 상황에 대한 주의사항과 정확한 정보 요청을 주고받았다. "그곳[헤움노]에서 탈출한 몇몇 생존자들이 이번 주에 진술한 바에 의하면, 거기서 사람들이 전부 죽임을 당하고 있다고 합니다. 당신에게 그런 일이 일어나지 않길 바랍니다. 사람들이 가스 처형을 당하고 대량으로 매장되고 있다고 해요. [그리고] 이 사실을 명심하세요. 지금까지 비밀이었던 것을 사방에 알려야 합니다. 경고를 해야만 합니다. 아무것도 하지 않고 있어서는 안 됩니다. 최후의 생존자들을 구해내기 위한 수단과 방법을 생각해야 합니다." 1942년 1월 그라부프Grabów 게토에서 랍비 야쿠프 슐만Jakub Szulman이 쓴 내용이다.[6] 그 밖에도 다음과 같은 글들이 여기저기서 발견된다. "내가 이야기를 지어내고 있다고 생각하지 마세요"(1942년 1월

27일)… "경고하십시오. 그[나의 친척]가 어둠 속에서 사라지게 놔두지 마세요"(1942년 2월 21일)… "루테츠크, 제발, 그것이 무슨 뜻인지 알아봐줘"(1942년 3월 11일)… "이 일에 대해 네가 알고 있는 모든 것을 정확하게 알려주길 간절히 부탁해. 그리고 그것이 진짜 근거가 있는 것인지, 그 모든 것을 네가 어떻게 알게 되었는지도"(1942년 6월 14일)…[7]

1942년 6월 28일, 빌코비에츠코Wilkowiecko 수용소에서 모이셰Mojsze라는 이름의 한 수감자는 그녀의 가족에게 "파괴, 그리고 또 파괴뿐입니다"라고 간략히 결론지었다.[8] 그런데 이 소식을 어떻게 받아들일 수 있을까? "파괴, 그리고 또 파괴"라는 현실 앞에서 어떻게 제정신을 차리고, 미치거나 스스로 목숨을 끊지 않을 수 있을까? 아니 차라리 믿지 않으려 하는 편이 더 수월하지 않을까? 역사 속의 대량 학살은—루크레티우스가 묘사한 아테네의 흑사병에서부터 현대의 대량 학살에 이르기까지—바로 이 "상상하기의 재앙"과도 같다.[9] 현실이 너무나 가혹하여 사람들이 미쳐버릴 지경이 되면, 사람들은 스스로 **고의적 무지**(또는 '자발적 예속'이라는 말에 상응하는 '자발적 무지')의 심리 상태를 만들어내기 때문이다. 그렇게 되면, 온갖 종류의 소문, 가짜 뉴스, 편집증적 구성, 터무니없는 궤변, 기적적인 예언들이 떠돌아다닌다. 이는 마치 상상력이 현실의 압도적 규모 앞에서 완전히 마비되거나, 혹은 그러한 현실로부터 ― 심지어 자기 자신으로부터도 ― 무분별하게 벗어나 현실의 가혹한 논리를 부정하는 것과 같다.

이러한 무력한 공황상태에 대항하여 ― 그리고 바르샤바의 유덴라트가 나치와의 협상을 통해 시도했으나 결과적으로 치명적인 타협, 자칭 능란하다는 술책, 범죄적인 지연, 사실상의 공모, 그리고 만연한 거짓에 대한 공조를 초래하게 된 이른바 '현실주의적' 정치에 대항하여 ― 린겔블룸과 그의 동료들, 그리고 분트의 활동가들은 완고한 **진실의 정치**라는 입장을 공유했다. 1942년 6월 10일 자 『일기』에 린겔블룸은, "우리는 우리를 상대로 자행되고 있는 절멸 작전을 필사적으로 세상에 알려야 한다는 데 모두 동의했습니다. 상황이 악화될지도 모른다는 우려에 연연하지 마십시오. 우리는 잃을 것이 아무것도 없습니다"라고 썼다.[10]

알고 싶어 하지 않는 모든 사람들 ― 겁에 질린 사람들, 또는 권력이나 특권의 허망한 조각을 놓지 않으려는 사람들 — 에도 불구하고, 린겔블룸은 바르샤바 게토의 공포의 멍에 아래에서 **진실은 그 자체로 감춰진 것**이었음을 이해했다. 비록 진실은, 엄밀히 말해, 대표적인 공공 자산으로 남아 있어야 하는 것임에도 말이다. 1942년 6월 어느 날 저녁, 그 진실은 BBC 방송 전파를 타고 슬며시 전달되었다.● 이것은 린겔블룸이라는 역사학자에게 매우 귀한 기쁨과 승리의 순간이었다. 그는 자신의 임무를 완수하고 심지어 "적에게 타격을 입혔다"는 만족감을 느꼈다. 그는 이렇게 썼다. "유대인 대학살이라는 믿을 수 없는 사실을 폭로하는 것이

● 1942년 6월 26일, 영국 BBC 라디오는 나치 점령하 폴란드에서 벌어지고 있는 유대인 대량 학살에 대한 특별 방송을 송출했다. 이 방송은 분트와 오이네그 샤베스 그룹이 수집한 정보를 바탕으로 제작되었다. 방송에서는 폴란드와 리투아니아의 여러 지역에서 발생한 유대인 학살, 특히 헤움노에서의 가스 차량을 이용한 대량 살해에 대한 상세한 내용이 포함되었으며, 당시까지 약 70만 명의 유대인이 살해되었다는 추정치도 제시되었다. 이 방송은 바르샤바 게토 내에서 비밀리에 청취되었고, 오이네그 샤베스 그룹의 일원인 엘리아시 구트코프스키Eliasz Gutkowski는 6월 27일 일기에 "오늘 게토에 매우 충격적인 뉴스가 전해졌다"며 이 방송의 중요성을 기록하기도 했다. https://www.jhi.pl/en/articles/june-26-1942-bbc-informs-about-the-extermination-of-polish-jews%2C5812?utm_source=chatgpt.com 참고.

원하는 효과를 낼 것인지 여부, 유대인 공동체에 대한 조직적인 말살이 중단될 것인지 여부는 그리 중요하지 않습니다. [그러나] 우리가 확신하는 한 가지가 있습니다. 우리는 우리의 책임을 완수했습니다. [⋯] 우리의 죽음마저 헛되지는 않을 것입니다."[11] 그 자체로 감춰진 진실은 한편으로는 비밀스러운 것이었지만, 다른 한편으로는 가능한 한 널리 알려야 하는 것이기도 했다. 이러한 상황은, 활동가들이 게토 안에서 인쇄, 손글씨, 등사판, 타자기 카본지 등 모든 수단을 동원하여 반나치 언론을 만들어내려는 엄청난 에너지의 원천이 되었다.[12]

이것이 바로 오이네그 샤베스의 중대한 도전이자 커다란 역설이었다. 진실을 모든 사람에게, 다시 말해 위협받는 유대인 공동체뿐만 아니라 국경 너머 전 세계를 향해 은밀하게 ― 검열을 피하고 게슈타포와 유대인 경찰에 발각되지 않기 위해 필요한 비밀 유지 규칙을 준수하면서 ― 전달하는 것. 에마누엘 린겔블룸의 『일기』에서 가장 눈에 띄는 문학적 특징 중 하나는 "사랑하는 아빠" "사랑하는 할아버지" "사랑하는 이들이여" 또는 "친애하는 이들이여"와 같은 표현으로 매일의 기록을 시작한다는 것이다.[13] 야코프 슬론Jacob Sloan에 의해 일부가 〔프랑스어로〕 번역된 초판본 『일기』에서 레온 폴리아코프Léon Poliakov는 이러한 특징을 다음과 같이 설명한다. "린겔블룸의 일부 기록은 편지 형식으로 작성되었다. 이는 위장의 목적으로, 발각될 경우 단지 사적으로 쓰인 편지라고 주장하기 위해서였다."[14]

하지만 우리는 에마누엘 린겔블룸과 같은 역사학자에게서 그 이상의 것을 기대할 수 있다. 그가 무엇을 숨기려 했든, 그것은 진실을 전달해내기 위해 모든 것을 무릅쓴 시도였다. 그가 자신의 펜 끝으로 쓴, 이 참담한 '현장 상황'과 '시대 상황'을 읽으면서, 그리고 그의 모든 관찰 하나하나를 뒷받침했던 위대한 용기의 발현을 목도하면서, 우리는 새로운 무엇, 오늘날 우리에게 직접적으로 다가오는 무엇인가를 불현듯 이해하게 된다. 린겔블룸이 자신의 이야기를 시작할 때 쓴 "친애하는 이들이여"라는 문구는, 어쩌면 그의 『일기』를 읽는 독자를 향하고 있었을지도 모른다는 것을. 가까이 있든 멀리 있든, 현재에 있든 미래에 있든, 자신의 모든 독자를 향한, 가독성lisibilité에 대한 그의 탐구였다는 것을. 혹은 단순하게 말하자면, 모든 공간적, 시간적 거리

를 초월한 그의 애정과 감사의 표현이었을지도 모른다
는 것을.

1   *Archives Ringelblum. Archives clandestines du ghetto de Var-
    sovie, I. Lettres sur l'anéantissement des Juifs de Pologne*, pp.
    47, 59, 72, 90, 92, 100, 132~33, 193~95.

2   S. D. Kassow, *Qui écrira notre histoire?*, pp. 411~17.

3   *Archives Ringelblum. Archives clandestines du ghetto de Var-
    sovie, I. Lettres sur l'anéantissement des Juifs de Pologne*, p.
    93(이 우편엽서가 수록된 곳은 *Archiwum Ringelbluma. Kon-
    spiracyjne Archiwum Getta Warszawy, I. Listy o Zagładzie*, p.
    206).

4   같은 책, p. 99.

5   같은 책, p. 180.

6   같은 책, pp. 45~46.

7   같은 책, pp. 66, 77, 103, 218.

8   같은 책, p. 190.

9   G. Didi-Huberman, *Mémorandum de la peste. Le fléau d'im-
    aginer*, Paris: Christian Bourgois, 1983(rééd. 2006).

10 E. Ringelblum, *Journal du ghetto de Varsovie*, p. 348.

11 같은 책, p. 353.

12 D. Blatman, *En direct du ghetto: la presse clandestine juive dans
    le ghetto de Varsovie (1940-1943)*(2003), trad. N. Hansson,
    Paris-Jérusalem: Éditions du Cerf-Yad Vashem, 2005.

13 E. Ringelblum, *Journal du ghetto de Varsovie*, pp. 23, 25, 27,
    30, 33, 39~40, 63, 148 등.

14 E. Ringelblum, *Chronique du ghetto de Varsovie*(1940-1942),
    trad. L. Poliakov, Paris: Robert Laffont, 1959, p. 33.

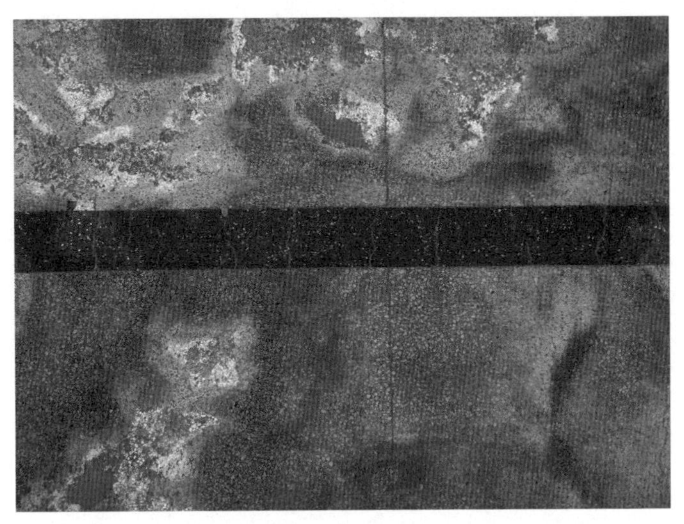

거대한 함정에 갇혔을 때 일시적으로나마 삶을
지탱할 수 있는, **흩어진** 방법들. 모든 생존은
가장 큰 몸짓과 동시에 가장 작은 몸짓으로
이루어지며, 바로 그날그날의 그러한 몸짓으로
오이네그 샤베스에 의해 수집된 자료들이
아카이브를 구축한다.

말하자면 그것은 아연한 목소리들, 경악스러운 사실들, 매장된 종이들의 아카이브이다. 그것은 대수롭지 않고 지극히 **범속한** 것들의 아카이브이다. 보잘것없지만 때로는 가슴을 아리는 하찮은 종이들. 그것은 죽어가는 소수(자)의 소수mineure 문학, 그렇지만 사실은 역사의 주요majeur 사건이다. 우리는 그것이 일상적 생존의 가장 단순한 몸짓들, 비참 속의 고귀함의 몸짓들, 비영웅적 몸짓들로 직조되어 있음을 본다. 그럼에도, 젤리크 카우마노비치Zelig Kałmanowicz가 1942년 2월 19일 빌노 게토에서 썼듯이, "우리의 오디세이는 [너무나 가혹하여], 호메로스의 오디세이를 식은 죽 먹기처럼 보이게 한다."[1] 그러므로 대량 학살의 시작을 피하거나 늦추기 위해서는, 종국에는 어찌할 수 없다 하더라도, 적절한 몸짓이 필요할 것이다. "아빠가 해야 할 일은 이송을 피하는 거예요"(1942년 6월 21일)… "라우타베르크 쥐트 수용소에서 한 무리의 사람들이 리베나우Liebenau로 보내졌다고 하는데, 오늘까지 이들이 어떻게 되었는지 아는 사람이 아무도 없습니다. 제가 이 편지를 쓰는 이유는 여러분들이 어디로 가게 되는지 항상 주의를 기울여야 한다고 당부하기 위해서입니다"(1942년

6월 14일).²

그것은 여전히 '하찮은 종이들'에 불과할지 몰라도, 그 안에 수천 개의 흩어진 작은 목소리들을 담고 있는, 그러므로 각각의 결정적 사건이 직조되어 있는 결정적인 문서들이다. "사랑하는 형, 파리소프스카Parysowska 거리에 있는 우리 아파트에 무엇이 남아 있는지 좀 알아봐줘. 모든 게 거기 그대로 있어? 따뜻한 옷들, 무엇보다 속옷을 좀 보내주면 좋겠어. 아무것도 챙기지 못하고 떠나오는 바람에, 똑같은 걸 계속 입고 있거든"이라고 아브람 보로프스키Abram Borowski는 1942년 10월 25일 루블린Lublin 수용소에서 형에게 요청했다.³ 수없이 많은 이러한 개별적 상황들의 흩어진 자료들을 들여다본다는 것은, 이 읽기를 매개로 단순히 〔누군가가 실제로〕 **경험한 역사** 각각의 구체적이고 실존적인 내용에 접근하게 된다는 것만을 의미하지는 않는다. 우리는 또한 무엇이 에마누엘 린겔블룸에게 이 상황들 하나하나에 각각의 이름과 날짜가 명시된, 가능한 한 정확히 **고증된 역사**를 확립해야만 한다는 확신을 줄 수 있었는지 알고 싶어진다.

이제 우리는 이 점에 있어 왜 린겔블룸이 그의 역

사학 스승인 이사츠 스히페르Isaac Schiper의 비관주의
―어찌되었든 매우 이해할 만한―를 따르고 싶어 하
지 않았는지를 되묻게 된다. 이사츠 스히페르는 1943년
여름, 마이다네크Majdanek 수용소의 한 동료 수감자에
게 다음과 같이 털어놓았다. "모든 것은, 누가 우리의
유언을 미래 세대에 전달하느냐, 누가 이 시기의 역사
를 쓰느냐에 달려 있습니다. 역사는 대개 승자가 씁니
다. 죽임을 당한 사람들에 대해 우리가 알고 있는 것
은, 오로지 허영심에 가득 찬 살인자들이 말하고 싶어
했던 것들뿐입니다. 만약 우리를 죽인 자들이 승리한
다면, 그리고 이 전쟁의 역사를 **이들**이 쓰게 된다면, 우
리의 파멸은 세계사에서 가장 아름다운 페이지 가운데
하나로 제시되겠지요. 〔…〕 반면에, 피와 눈물로 얼룩
진 이 시기의 역사를 쓰는 것이 **우리**라면 ― 나는 우리
가 그렇게 하게 될 것이라고 굳게 확신합니다만 ― 누
가 우리를 믿어주겠습니까? 아무도 우리를 믿으려 하
지 않을 것입니다. 왜냐하면 우리의 재앙은 문명 세계
전체의 재앙을 말하는 것이기 때문입니다."[4]

　에마누엘 린겔블룸이 박해자들 앞에 던진 놀라운
도전은, 이사츠 스히페르가 말한 것, 즉 일반적으로 '문

명 세계'라 불리는 것 앞에 던진 도전과도 같이, 바르샤바 게토에 대해 기념비적이고 반박할 수 없으며 잊을 수 없는 역사를 구성하는 것이었다. 비록 그 역사가 마치 먼지 조각들처럼, 각각의 개별적인 비극에서 빠져나온 수천 장의 종잇조각들로 만들어진 역사였을지라도. 새뮤얼 카소가 썼듯이 "오이네그 샤베스 아카이브는 지하 출판물, 문서, 그림, 과자 포장지, 전차표, 배급 카드, 극장 포스터, 콘서트나 강연 초대장 등 텍스트와 물건을 가리지 않고 수집했다. 또한 수십 명의 세입자가 거주하는 아파트 초인종의 상당히 복잡한 코드를 복제하고, 구운 거위 요리와 고급 와인을 제공하는 식당 메뉴판까지 보존했다. 그러나 거기에는 굶주린 엄마가 죽은 자신의 아이를 먹었다는 짧은 이야기도 포함되어 있다."[5]

헤르슈 바세르의 증언에 따르면, 린겔블룸은 "분류 작업은 전쟁 후의 일이 될 것"이니 "가능한 한 많이 수집하라"고 간청했다고 한다.[6] 이는, 현재 당신들의 무력함을(진행 중인 당신들의 파멸을) 미래의 힘으로(타인을 위하여, 나중을 위하여 쓰일 당신들의 역사로) 바꾸라는 것을 의미했다. **생존**survie의 불가능성을 **잔존**survivance

의 기회로 만들라는 것이었다. 그리고 이를 위해 "가능한 많이 수집하라"는 것이었다. 왜냐하면 당대 역사에서는 그 무엇도 무의미한 것이 없었기 때문이다. 이것이야말로 시대의 증인들 자신의 삶이나 죽음을 초월한 **기억의 정치**라고 부를 수 있는 본보기가 아닐까? 그러나 분트의 일부 구성원들이 — 전쟁 후 마레크 에델만의 경우처럼 — 이러한 기록에 대한 열정을 조롱하는 경우도 있었다. 모든 것을 가리지 않고 수집하는 린겔블룸의 악착스러움이 마치 정치적 전략의 부재를 드러내는 증상처럼 보이기도 했다.[7]

실제로, 굶어 죽은 아이들의 시체가 널려 있는 게토에서, 죽음을 앞둔 굶주린 사람들이 지어낸 거리의 노래를 기록하는 일이 무슨 소용이 있었을까? 「거리의 얼굴」이나 「게토의 이미지」와 같은 긴 **비망록**을 쓰는 것이 무슨 긴급한 일이었을까?[8] 노년의 음악학자 메나헴 키프니스Menahem Kipnis의 아카이브나, 게토의 불량배들이 부른 노래의 후렴구를 기록하기 위해 이들에게 주저하지 않고 돈을 지불했던 슈무엘 레만Shmuel Lehman의 아카이브 확보를 위해 왜 그토록 애를 썼을까?[9] 주저하지 않고 대답해야 한다. 진정한 정치적 몸짓은 바로 게토의 마지막 노래들에 귀를 기울이고 그것을 기록하는 데 있었다고. 린겔블룸의 생각에, 그것은 또한 분트나 추쿤프트*의 지하 출판물들을 체계적으로 수집하는 것만큼이나 중요했다.[10] 왜 그러한가? 바로 사회사이자 문화사로서 그의 **역사정치학**이 그것을 전적으로 필요로 했기 때문이다. 린겔블룸은『고대부터 1927년까지의 바르샤바 유대인』이라는 제목의 1932년 박사학위 논문과 포알레 시온 좌파의 노동당 내에서의 운동가적 활동 이래로, 또한 이사츠 스히페르―프랑스의 마르크 블로크Marc Bloch와 마찬가지로 중세학자이기도 했던―와 시몬 두브노프Simon Doubnov를 계승한 학문적 실천 이래로, 또 다른 하늘―그러나 같은 폭풍우의 위협을 받았던―아래에서 발터 벤야민Walter

* 미래를 의미하는 독일어 'Zukunft'에서 유래한 이디시어로, 'Tsukunft' 'Cukunft' 등으로도 표기된다. 1913년 러시아에서 창설되어 양차 세계대전 사이 폴란드에서 활동했던 분트 계열의 청년 조직이다. 선거를 비롯한 정치적 활동을 지원했을 뿐 아니라, 전국 또는 지역 단위의 캠프를 운영하고, 합창단, 연극 동아리, 청년 노동자를 위한 야간 강좌 등 다양한 문화 활동도 전개했다. 제2차 세계대전 동안에는 추쿤프트 출신 활동가들이 나치 점령에 맞서 저항운동에 참여하기도 했다. 기관지인『청년의 각성Yugnt veker』은 독일 침공 전까지 격주로 20년 이상 발행되었다.

Benjamin이 **이름 없는 자들의 역사**라고 부르고자 했던 것을 체계적이고 정교하게 작성하고 있었다.[11]

이렇게 오이네그 샤베스 아카이브는 흩어지고 위계 없는 그 특징을 포함해, 인간의 변화에 대한 모든 인류학적 차원에 열려 있는 사회사에 속한다고 할 수 있다. '부스러기,' 전방위적 수집, '부차적인mineures' 것들로 나타나는 이 아카이브의 본성은 단순히 사실의 기록이나 그 종합에만 국한되는 것이 아니라, 존재의 모든 측면에 주의를 기울이는 **열린 역사**의 관점에서 이해되어야 한다. 왜냐하면, 바로 그 존재 자체가 게토에서 충격적인atterrantes 제약을 받았기 때문에, 자신의 역사에서 모든 '현실적인terre à terre' 세부사항들을 수집해야만 했던 것이다. 따라서 발터 벤야민의 유명한 '유언'이라 할 수 있는, 「역사의 개념에 대하여」라는 테제는 — 멀리서 볼 때, 그러나 정확한 역사적, 정치적 동시대성 속에서 — 에마누엘 린겔블룸의 바로 그 프로젝트를 철학적으로 표현하고 있는 것처럼 보인다. 이는 유물론적, 마르크스주의적 관점과 이 역사 기술의 궁극적 쟁점에서 나타나는, 문자 그대로 메시아적인 비전 — 유대 신학을 참조한 — 사이에서 확립된 변증법에 이르기까지 그러하다. "크고 작음을 구별하지 않고 사건들을 보고하는 연대기 기술자는, 역사를 위해서는 일어났던 것들 가운데 그 어떤 것도 상실되어서는 안 된다는 진리를 존중한다. 물론, 구원된 인류에게만 그들의 과거가 온전히 주어질 것이다. 다시 말해, 오직 구원된 인류에게만 그들의 과거 전체가 모두 인용 가능하게 될 것이라는 뜻이다. 그들이 살았던 매 순간이 '그날의 주요 의제에 인용'될 것인데, 그날은 바로 최후의 심판의 날이다."[12]

내가 바르샤바 유대인역사연구소를 방문한 첫째 날 저녁, 안나 둔치크-슐츠가 연구소 문을 열어주었을 때, 나는 로비 바닥을 보고 즉시 충격을 받았다. 그래서 나는 그 바닥을 한 걸음 한 걸음 사진에 담았다. 그것은 묵시록적 바닥이었다. 안나는 건물 복원 당시 바닥에 남아 있던 상처들을 그대로 두기로 했던 결정에 대해 설명해주었다. 그렇게 이 건물의 바닥이, 지금은 사라진 인접한 대시나고그의 흔적을 간직하게 된 셈이다. 나치가 대시나고그를 폭파했을 때, 그것은 린겔블룸이 그토록 열심히 일했던 알레인힐프 건물 위로 무너져 내렸고, 그로 인해 발생한 화재가 지금 내 눈앞에 있는 아카이브 로비 바닥에 그대로 자국을 남겼다. 이 자리에서 거대한 불길에 휩싸였던 폴란드 유대교의 운명을 보여주는 가련한 흔적이다. 역사의 아이러니는 그 잔혹함을 멈추지 않는다. 폭파된 대시나고그의 자리에 지금은, 최고의 생명보험 회사임을 자처하고 있는 멧라이프 MetLife의 간판을 단 건물이 들어서 있다.

1 *Archives Ringelblum. Archives clandestines du ghetto de Varsovie, I. Lettres sur l'anéantissement des Juifs de Pologne*, p. 126.

2 같은 책, pp. 190, 220.

3 같은 책, p. 232.

4 S. D. Kassow, *Qui écrira notre histoire?*, pp. 306~307에서 인용.

5 같은 책, pp. 311~12.

6 같은 책, p. 32에서 인용.

7 같은 책, p. 26, 주에서 인용.

8 *The Ringelblum Archive. Underground Archive of the Warsaw Ghetto, I. Warsaw Ghetto: Everyday Life*, éd. & trad. dirigées par K. Person, Varsovie: Żydowski Instytut Historyczny im. Emanuela Ringelbluma, 2017, pp. 2~105.

9 S. D. Kassow, *Qui écrira notre histoire?*, pp. 325~27.

10 *Archiwum Ringelbluma. Konspiracyjne Archiwum Getta Warszawy, XVI. Prasa-getta warszawskiego: Bund i Cukunft*, éd. A. Jarkowska-Natkaniec et M. Rusiniak-Karwat, Varsovie: Żydowski Instytut Historyczny im. Emanuela Ringelbluma, 2016.

11 S. D. Kassow, *Qui écrira notre histoire?*, pp. 37~140. '이름 없는 자들'의 역사에 관해서는 다음을 참고할 것. G. Didi-Huberman, *Peuples exposés, peuples figurants. L'œil de l'histoire, 4*, Paris: Les Éditions de Minuit, 2012.

12 W. Benjamin, "Sur le concept d'histoire"(1940), trad. M. de Gandillac revue par P. Rusch, *Œuvres, III*, Paris: Gallimard, 2000, p. 429.

아이들마저 절멸 대상으로 지정될 때
놀이와 죽음으로 **흩어진** 비극적 길들.

아그니에슈카 레슈카는 오이네그 샤베스 기록물
이 보관된 작은 자료실에서 내 눈앞에 또 다른 흰색 종
이들을 펼쳐 보인다. 그 안에는 빨간색, 분홍색, 파란색
의 작은 도안들이 끼워져 있는데, 히브리어와 폴란드어

로 적힌 글자가 보인다. 나는 그 글자들을 해독하려 애쓴다. 파브리카 추크루프 빅토리아Fabryka Cukrów Wiktoria⋯ 포마란치-미그다위Pomarancz-Migdały⋯ 오르만스키 이리스Ormanski Irys⋯ 사탕이나 달콤한 과자류를 쌌던 포장지들이다. 나는 몇 분 전 옆방에서 본 겔라 섹스타인과 그녀의 어린 딸 사진을 생각한다. 나는 다시, 헤아릴 수 없는 슬픔이나 경계심을 품고 있는, 어찌할 바를 모르거나 간곡히 도움을 청하는, 굶주리거나 구걸하고 있는, 거리에서 죽어가거나 묘지의 공동매립지에서 일하고 있는, 누더기를 걸친 맨발의 아이들의 이미지를 생각한다. 이 모든 것이 하인리히 요스트라는 군인이 게토 거리를 단 하루 '산책'하며 찍은 일련의 사진들 속에서 너무나 생생하게 나타나고 있다.[1]

린겔블룸은 1940년 3월 29일 자신의 『일기』에 "유대인 아이들의 비극"이라고 썼다. 전염병, 기아, "유대인 학교 불허" "어찌할 바를 모른 채 거리를 빙빙 돌며 헤매고" 있는 "버려진 아이들의 수많은 사례들"에 대하여⋯[2] 여기에 그는 "구걸하고 있는 한 어린 소녀가 매력적인 목소리로, '나는 내 표를 돌려주고 싶지 않아, 나는 그저 행복하게 살고 싶을 뿐이야'라고 노래한다"

고 썼다(1941년 9월).[3] 다른 곳에서는 "구걸하는 두 아이가 거리에 앉아서 'SOS'라고 적힌 팻말을 들고 있다"라고 썼다(같은 해 10월).[4] 얼마 후 1941년 11월 14일, 린겔블룸은 다음과 같은 끔찍한 현실을 기록한다. "첫 추위가 이미 불어닥쳤고 사람들은 얼어붙었다. 얼어붙은 어린아이들의 모습보다 더 끔찍한 것은 없다. 맨발에 무릎이 드러나고 너덜너덜해진 옷을 걸친 아이들이 거리에 서서 소리도 내지 못하고 울고 있다. 오늘, 14일 저녁, 나는 서너 살쯤이나 되었을 법한 아이가 추위에 떨며 작은 풀벌레처럼 흐느끼는 소리를 들었다. 아마 이 아이는 몇 시간이 지나 내일 아침이면 얼어붙은 채 발견될 것이다. 이미 10월에 첫눈이 내렸을 때, 폐허가 된 여러 집들 여기저기에서, 계단참에서, 동사한 아이들의 시신 17구가 발견되었다. 추위로 인한 아이들의 죽음은 점점 더 심각한 현상이 되고 있다. 〔…〕 사람들은 얼어붙은 작은 시신들을 '어린이의 달'을 알리는 근사한 전단지로 덮는다. 〔…〕 그렇게 함으로써 사람들은 센토스Centos〔아동 및 고아 보호단체 공식 중앙연맹〕의 무관심에 대한 분노를 표현하려 한다…"[5]

에마누엘 린겔블룸이 자신의 『일기』에 「전쟁 중

바르샤바 구제 사업의 역사」라는 제목의 특별 연구를 포함시키려 했다는 점은 의미심장하다. 그는 또한 폴란드인들이 게토의 특정 아이들을 즉시 가톨릭으로 개종시키는 조건으로 이 아이들을 거두는 관행에 대해서도 의문을 제기했다.[6] 그는 1942년 5월 26일, 결국 모두가 죽을 운명이라면 자신이 알레인힐프의 일환으로 그토록 많은 에너지를 쏟은 구제 사업이 무슨 소용이 있는지 절망적으로 자문하기에 이른다. "구제 사업은 〔기아〕 문제를 해결하지 못한다. 그것은 사람들의 생명을 조금 연장시킬 뿐이다. 이들은 어찌 되었든 죽을 운명이다. 구제 사업은 이들의 고통만 지속시킬 뿐 어떤 해결책도 제시하지 못한다. 무언가 의미심장한 변화를 만들기 위해서는, 매달 수백만 즈워티złotys•가 필요하지만, 그만한 자금이 없다. 분명한 사실은, 급식소에서 제공되는 〔묽은〕 수프와 말라빠진 배급 빵만 먹는다면 파리처럼 죽어가리라는 것이다."[7]

오이네그 샤베스 아카이브는 그 밖의 수많은 자료들 중에서도 개개인을 어찌할 도리도 없게 만든 이런

• 폴란드의 공식 통화 단위에 해당한다.

상황을 전형적으로 보여주는 편지 한 통을 보관하고 있다. 1942년 5월 27일, 야니나 실스카Janina Szylska는 소스노비에츠Sosnowiec에서 다음과 같은 편지를 썼다. "제가 당신에게 이렇게 몇 자 적는 이유는, 저희에게 많은 변화가 있었기 때문입니다. 저는 추[키에르]Cu[kier] 씨 부부 댁에서 일했는데, 이분들이 강제수용소로 이송되셨고, 저는 그곳이 어디인지도 모릅니다. 토요일부터는 우리 마을의 수용소에 계셨지만, 오늘 아무런 얘기도 없이 다른 곳으로 보내졌어요. 이분들 아이는 잠시 저와 함께 지내고 있어요. 부인께서 자신들이 어디로 보내질지, 무엇보다 어디로 가게 될지 몰라 아이를 데려가고 싶어 하지 않았기 때문이에요[편지 원문 그대로]. 그래서 저는 당신에게 아이에 대해 조언을 구하려고 합니다. 제가 독일로 떠나야 한다는 소환장을 받았는데, 저는 이제 어떻게 해야 할까요? 추[키에르] 씨 부부가 아직 여기 계실 때였습니다. 이제 무슨 일이 벌어질지 모르겠어요. 여기서 이 아이가 어떤 보살핌을 받을 수 있을지 막막합니다. 여기 남아 있는 가족이 어떤 처지에 있는지 당신도 상상하실 수 있을 테니까요. 다음 편지에 더 자세히 쓰겠습니다. 오늘은 그럴 수가 없네요."[8]

아이들의 비극이 당시 유대인 전체가 겪고 있었던 일반화된 비극을 가장 잘 드러내는 핵심이었음을 쉽게 이해할 수 있다. 아이들은 인류 자체의 삶과 생존을 구현하는 존재가 아니었던가? 따라서 아이들에 대한 염려가 나치의 절멸 기계에 모든 수단을 동원해 맞서 싸우는 저항의 핵심을 이루었다는 것도 이해할 수 있을 것이다. 물론 1942년 8월 5일, 게토의 아이들 역시 트레블링카로 향하는 화물 열차에 던져졌고, 그 결과 5주 후 바르샤바에는 유대인 아이들이 거의 남아 있지 않았다. 아이들과 함께 그동안 이 아이들을 돌보았던 야누시 코르차크Janusz Korczak, 스테파니아 빌친스카Stefania Wilczńska, 누센 코닌스키Nusen Koniński와 같은 많은 헌신적인 '교육자들'도 같이 이송되었다.

린겔블룸 아카이브는 게토 안에서의 삶의 이러한 중요한 측면을 훌륭하게 기록했다. 이 아카이브의 두번째 출판 자료집은 이 문제에 전적으로 할애되어 있다. 『바르샤바 게토의 아이들과 비밀 교육』이라는 제목의 이 책은, 한편으로는 아이들의 목소리를, 다른 한편으로는 교육자들, 간호사들, 폭넓게는 절망적 상황에 처한 아이들을 나름대로 돌보았던 모든 어른들의 목소리를 담고 있다. 이들은 모두, 한편에선 매 순간 문을 두드리는 죽음과, 다른 한편에선 예를 들어 비밀 학교에서 제공하는 수업 시간표를 잘 짜려는 〔일상적〕 염려 사이에서 끊임없이 지속되었던 긴장된 삶을 증언한다.[9] 1941년 11월에 「유대인 아이의 모습」이라는 제목으로 작성된 한 특별한 연구는 가족이 추방되거나 이송되거나 학살당하여, **길을 잃고 뿔뿔이 흩어진** 아이들의 존재로 인해 발생하는 첫번째 어려움을 명료하게 진술하고 있다.[10] 이러한 상황에서 이 아이들을 어떻게 다시 사회화할 것인가? 어떻게 이 아이들에게 삶의 의욕을 되찾게 하고, 어떻게 이 아이들을 보호할 것이며, 어떻게 이 아이들을 기필코 **다시 모으고 교육시키는** 일을 지속할 수 있을 것인가?

그 덕분에 우리는 이 비밀 교육이 세부적으로 어떻게 진행되었는지를 알게 된다. 어떻게 **모든 것을 무릅쓰고 배워야만** 했는지, 그리고 이 교육 자체가 어떻게 공동체를 형성했는지를. 사람들이 어떻게 **진실이 은폐**되지 않고 말해질 수 있게 노력했는지를. 예를 들어 우리는 아이들 스스로가 "우리 아빠는 돌아가셨고 나는 혼자 살아남았어요. [⋯] 지금 나는 배우고 있어요⋯"
라고 자기 가족의 운명뿐만 아니라, 전쟁 상황과 그것
이 일상생활에 미치는 영향에 대해서까지 매우 적나
라하게 이야기하고 있는 한 설문 조사를 참조할 수 있
다.[11] 하지만 우리는 또한 이 자료들을 살펴보면서 그
와 같은 교육이 어떻게든 최선을 다해 **기쁨** — 그러니
까, 감춰진 기쁨 — 을 만들어내려고 얼마나 노력했는
지 알 수 있다. 린겔블룸은 온갖 창의적이고 즉흥적인
활동을 통해 이와 같은 삶의 에너지를 증명할 수 있었
던 자료들을 수집했다. 이를테면, 책을 압수당하지 않
았던 서점이나 개인 소장가들의 도움을 받아 '중앙도서
관'을 개관한 일,[12] 합창, 무용, 소품극 따위의 공연을 기
획한 일 등에 관한 다음과 같은 기록들이 있다.

합창단:
a) 오늘은 축제일
b) 대장간에서, 우리는 일한다
c) 에스파드리유
d) 맑은 은빛 강가에서
e) 눈송이

지휘: 골드베르크

건반: F. 블리트 〔…〕

무용:

a) 작은 생쥐

b) 쿠야비아크 〔지역 춤〕

c) 크라코비아크 〔지역 춤〕

d) 유대 춤

트란-헤르츨리히 연출

3막 공연:

햇살이 비추는 모든 창문[13]

1942년 1월에는 나탄 스몰라르Natan Smolar와 베니아민 비로프스키Beniamin Wirowski가 문학 작품들을 선별하여 『이디시어 연습장』 — 이디시어 입문서 — 도 구성했다. 이 책에는 톨스토이Leo Tolstoy의 우화집 『늑대와 어린 양』〔원문 그대로〕, 비알리크Bialik의 『강이 범람한다』, 알퐁스 도데Alphonse Daudet의 『스갱 아저씨의 염소』, 페레츠Peretz의 『마부』 등의 이야기가 포함되어

있었다.[14] 책은 엘리에제르 스힌들레르Eliezer Shindler의
『왜 토끼의 입술은 갈라졌을까』라는 제목의 동화로 끝
난다. 아이들은 이 동화 속 이야기에서 약한 동물들이
계략을 써 포식자를 겁주고 너무나 웃어대는 바람에
입술이 갈라졌다는 것을 알게 된다.[15] 동화를 읽으면서
나는 아카이브에서 발견된 작은 사탕 포장지에 어쩌면
아이의 마지막 웃음이 묻어 있을지 모른다고 생각했다.

1   G. Schwarberg, *In the Ghetto of Warsaw: Heinrich Jöst's Photographs*, Göttingen: Steidl Verlag, 2001.

2   E. Ringelblum, *Journal du ghetto de Varsovie*, p. 88.

3   같은 책, p. 279.

4   같은 책, p. 284.

5   같은 책, p. 293.

6   같은 책, pp. 393~95, 411~19.

7   같은 책, p. 341.

8   *Archives Ringelblum. Archives clandestines du ghetto de Varsovie, I. Lettres sur l'anéantissement des Juifs de Pologne*, p. 160.

9   *Archives Ringelblum. Archives clandestines du ghetto de Varsovie, II. Les enfants et l'enseignement clandestin dans le ghetto de Varsovie*, pp. 119~247.

10   같은 책, pp. 305~30.

11   같은 책, pp. 27~117.

12   같은 책, pp. 258~59.

13   같은 책, p. 248 (또한 전반적으로는 pp. 248~77).

14   같은 책, pp. 280~81.

15   같은 책, p. 301.

바라보기(시선)의 혹은 바라보기 거부의
흩어진 양상들, 볼 수 있는 또는 보려고 하지 않는
흩어진 가능성들. 이미지들이 우리에게
가져다줄 수 있는, 시간에 대한 **흩어진** 인식들.

마침내 아그니에슈카 레슈카가 커다란 회색 마분
지 상자를 열었다. 상자 안에는 금속 고리가 달린 바인

더가 들어 있었고, 바인더에는 오이네그 샤베스 기록물 가운데 바르샤바에 남아 있는 약 60점의 사진 인화본들이 문서 카드와 함께 정리되어 있었다. 이것이 바로 애초에 내가 이곳까지 온 이유였다. 이 몇 안 되는 이미지들을 보기 위해, **보기에 이르기**venir voir 위해.* 또는 그것들을 보려고 시도하기 위해, 사뮈엘 베케트Samuel Beckett가 말했을 법하게, 그저 **보려는 시도** 〔자체〕**를 하기**essayer voir 위해.** 전날 저녁 안나 둔치크-슐츠는 역사학자이자 아키비스트로서 자신의 의구심과 질문들을 내게 털어놓았다. 이 사진들 전체가 정말 하나의 자

---

* 'venir voir'는 흔히 '보러 오다'라는 의미로 사용된다. 하지만 여기서는, 바로 뒤에 이어지는 문장의 'essayer voir'라는 표현과의 유기적 연결을 고려해 '보기에 이르다'로 옮겼다.

** 프랑스어에서 'essayer'라는 동사는 보통 전치사 'de' 다음에 또 다른 동사를 위치시켜 '~하기를 시도하다'라는 의미를 갖는다. 그러나 디디-위베르만은 전치사를 생략한 'essayer voir'라는 표현을 통해 'essayer de voir'와 그 미묘한 의미 차이를 구분하고 있다. 'essayer voir'는, '보다'라는, 즉 '시도하기'의 대상이나 목표가 아닌, '시도하기'라는 행위 자체가 더욱 중요해지는 과정, 따라서 그 행위가 지속되는 시간에 집중하게 되는 변화의 과정을 함축한다. 이 표현에 관해서는 다음을 참고할 것. G. Didi-Huberman, *Essayer voir. Série Fables du temps*, Paris: Les Éditions de minuit, 2014.

료군corpus을 이루는가? 일관된 무언가를 도출해내기에는 너무 **흩어진** 것들이지 않은가? 인화된 사진의 물질적 비균질성, 인화지 및 기술적 조건의 차이를 어떻게 이해해야 하는가? (1946년 최초로 발견된 금속 상자 안에 들어 있었지만, 이 종이 인화본들은 습기의 영향을 크게 받지 않았다.) 누가 이 사진들을 찍었는가? 어떻게 수집되었는가? 안나는 심지어 현재 동일한 상자 안에 모여 있는 이 이미지들 전체가 온전히 1939년에서 1943년 사이의 오이네그 샤베스 활동에서 비롯된 것이 맞는지, 다시 말해 그중 일부가 나중에 발견되어 추가된 것은 아닌지 의문을 품기까지 했다. 그녀의 신중한 말투가 적어도 내게는 그렇게 느껴졌다. 역으로, 그 자리에 있어야 할 몇몇 사진들이 아마도 1940년대 말 이후 전체 컬렉션에서 누락되었을 가능성도 충분히 생각해볼 수 있다(이 사진들은 어딘가에 있을 테고, 언젠가는 몇 안 되는 단서만으로 그것들을 다시 찾아내야만 할지도 모른다).

이 모든 질문은 의심할 여지 없이 정당하다. 그러나 이 질문들은 또한, 이러한 유형의 아카이브에서 사진적 대상이 특정한 방식으로 사용되는 것에 대한 하나의 징후이기도 하다. 징후적이라는 것은, 예를 들어 2014년 바르샤바 유대인역사연구소의 소개 책자가 '참고자료documentation'라는 이름하에 잡다한 부속물을 별도로 묶어, 엄밀한 의미의 아카이브로부터 분리했던 방식에서 잘 드러난다.[1] 그것은 어쩐지, 문헌학적 엄밀성에 따라 원래의 분류 체계와 함께 종이의 물리적 온전성을 최대한 원상태로 유지해야 하는 본연의 **문서들**documents과는 달리, "작품, 역사적 관심의 오브제, 〔그리고〕 사진과 같은 다양한 종류들"[2]로 구성된 **참고자료**의 경우에는, 애초의 그 물질적, 지적 조건에 구애받지 않고 좀더 자유롭게 사용될 수 있다는 말처럼 들리기도 한다. 그러나 왜 '문서-종이'와 '사진-종이'를 분리할까? 어쨌든 둘 다 종이가 아닌가? 어쨌든 둘 다 우리 현대사에 대한 본질적인 증언이 아닌가? 아그니에슈카 레슈카는 사진이 가장 중요한 텍스트와 동등한 자격으로 등재된, 손으로 쓰인 당대의 목록을 나에게 보여주지 않았던가?

'모든 것을 출판하기'로 결정했던 "린겔블룸 아카이브"라는 대규모 출판 프로젝트—종종 텍스트로 된 문서에 사진 복제본을 첨부한[3]—가 왜 결국엔 이 사진들을 위한 별도의 책은 기획하지 않았을까? 이것은 이 비극적 보물의 과거와 현재, 그리고 미래의 출판 방향을 결정하는 인식론적 또는 역사기술적 이해 가능성의 틀에 오늘날 제기되어야 할 원칙과 관련된 질문이다. 이 이미지들을 인증하거나, 출처를 밝히거나, 출판하는 것은 나 개인의 몫이 아니다. (바로 이것이 내가 이 글에서 이 시각 자료들의 '공식적' 복제본을 전혀 사용하지 않은 이유이기도 하다.) 아마도 이 일은 안나 둔치크-슐츠의 몫이 될 것이다. 지금 이 순간, 우리는 함께 사진 인화지들을 들여다보고 있다. 게토의 사진관이었던 포토 포르베르트Foto Forbert의 스탬프가 찍힌 사진들이 여러 장 있다. 이 사진들 뒷면에 표시된 정보는 충분치 않고, 모든 정황상 그 '진위가 의심스러운' 경우도 많아 보인다.

아마도 더 높은 곳에서 다시 출발하고 처음부터 다시 시작해야 할 것이다. 단순하게, 더 단순하게 바라보아야 한다. 각각의 인화본을 자세히 들여다보기 전에, 나는 전체를 통찰해보려고 한다. 그것은 어떤 면에서 빠른 속도로 '훑어보는' 것을 전제로 한다. 그러나 그것은 전체적인 태도gestus, 채택된 방법, 암시된 몽타주에 대한 귀중한 지표들을 제공한다. 그것은 성좌를 드러나게 한다. 이런 방식으로 나는 우선 모든 사진이 게토 내부에서 촬영되었다는 것을 알게 된다. 이것이 이 이미지들 전체의 일차적 ― 근본적 ― 논리이다. 이것은, 필요하다면, 오이네그 샤베스의 역사적 운동 방식, 즉 바르샤바 게토의 운명을 바로 그 내부에서 기록하는 접근 방식과 일관성을 가진다는 것을 입증해줄 것이다. 어쨌든 이 경우, 관찰자는 피관찰자에 비해 어떤 상황적 특권도 누리지 못하기 때문에, 그 밖에 다른 어떤 관점도 사실상 불가능했을 것이다.

의심할 여지 없이 흩어진 사진들, 부분적인 사진들이다. 다른 많은 상황들이 고증될 수도 있었을 것이다. 게다가 다른 많은 이미지들 ―300점이라고 한다 ― 이 원래 컬렉션에 포함되어 있었다. 그러나 이 '나머지'와 이 외관상의 '무질서' 속에서도, 역사적으로 그리고 정치적으로 연결된 세 가지 패러다임의 엄격한 분배가 그려지고 있는 것처럼 보인다. 문서화해야 할 패러다임의 첫번째는, 논리적으로 보자면, **억압자들의 통치** 패러다임이었다. 그렇지만 이 나치 억압자들은 거의 보이지 않는다. 그들은 주로 반대쪽에 있기 때문이다. 그러나 그들은 현동적으로나 잠재적으로 모든 것을 지배한다. 그들은 이 이미지들 전체에서 반복적으로 등장하는 형상들 가운데 하나를 구성하는 것으로부터 공포정치의 권력을 행사한다. 그것은 바로, 때로는 인적 없는 거리에서, 때로는 사람들이 북적이는 거리에서, 비참함의 장소로서 혹은 겉보기에는 '정상적인' 도시의 장소로서 자주 사진에 찍혔던 게토의 벽이다. 이 게토의 벽은 독일인들에 의해 자행된 정치, 즉 봉쇄, 고립, 굶주림, 절멸이라는 정책의 비인격적인 표징emblème일 뿐 아니라, 핵심적인 기술적 장치를 제공했다. 이 시각적 자료를 이루는 일군의 사진들은 문, 통로, 차단기, 즉 군사적으로 통제된 게토의 모든 입구와 관련된다. 예를 들어, 이 이미지들 가운데 하나에서 우리는 (전경에 있는) 유대인 경비 조직과 철책 반대편에 있는 두 명의 군인들(한 명은 폴란드인, 다른 한 명은 독일인)을 쉽게 알아볼 수 있다. 우리는 또한 '아리아인 구역' 위에 세워진 유명한 목조 육교의 시각적 흔적과 독일군의 폭격이나 폭파로 생긴 게토 안의 폐허 이미지들도 볼 수 있다.

두번째 패러다임은, 게토의 봉쇄된 삶에서 게토의 자체 행정부인 유덴라트가 운영되었다는 역설과 관련된다. 이 역설은 일련의 사진들 속에서 나타나는데, 우리는 거기서 다음과 같은 고통스러운 현실의 무엇인가를 이해하게 된다. 그것은 이 **피역압자들의 정부** 자체가 그러한 격동 속에서도 게토 주민들을 위해 '최선을 다하려는' 의욕을 갖고 있었음에도, '지배자들'과의 불가능한 협상, 사악한 타협, 온갖 종류의 불의와 학대의 소용돌이에 휘말려 들었던 상황을 말한다. 문서 카드와 함께 투명한 비닐 보호막 안에 들어 있는 이미지는 내가 직접 찍은 것인데, 여기서 우리는 생각보다 많은 경찰 인원에 둘러싸인 유덴라트가 한 무리의 여성들에게 빵을 배급하고 있는 장면을 본다. 카메라에 포착된 여러 동작들은, 이론상으로는 시각적 재현이 불가능해 보이는, 이 여성들이 견뎌낸 굶주림을 매우 명백하게 증언한다.

벽이 첫번째 패러다임의 표징이라면, 유대인 경찰의 제복은 두번째 패러다임에 대한 기능을 수행한다고 하겠다. 그것은 더 이상 비인격적인 사물, 순수한 불투명성이 아니라 사회적인 몸이다. 즉, 특정한 특권에 대한 보장으로 이 더러운 일을 수락했던 젊고 건장한 폴란드계 유대인들 말이다. 그 특권은 매우 일시적인 것에 불과했는데, 그들 또한 결국 모든 것을 잃고 다른 사람들처럼 죽임을 당하게 될 것이기 때문이다. 우리는 그들이 겉보기에 더 억압적인 행동을 하고 있는 것을 본다. 그들은 움슐라크플라츠로 향하는 수많은 사람들의 이동을 관리한다. 우리는 종종 이 이미지들의 한구석에서 유덴라트의 의장인 아담 체르니아쿠프의 거대한 실루엣을 본다. 그는 결코 특별한 표정을 짓지 않는다. 그를 옥죄었을 윤리적 동요와 한없는 슬픔이, 자신의 민족을 보호하기 위해 어쩔 수 없이 그들에게 폭력을 행사해야 했던 장면들 속에서, 그의 적극적인 가담을 어떤 면에서는 비현실적으로 만들고 있는 듯하다.

또한 모든 정황상, 유덴라트가 특히 '포르베르트 아틀리에'라는 전문적 경로를 통해 스스로에게 부여하고 싶어 했던 이미지들을 보면 가슴이 미어진다. 짐작건대 오이네그 샤베스가 바로 이 사진관에서 그 복제본을 확보할 수 있었을 것으로 보이는 이 이미지들은, 매우 공식적인 단체 초상사진들이다. 즉 이것은 자신들의 특권 중 일부를 여전히 누리고 있다고 믿는 피지배 계급의 우스꽝스럽게 연출된 사진들이다. 그런데 '포즈를 취한' 이 이미지들은 영양실조 말기에 달한 일군의 아이들이 제각기 '포즈를 취하고 있는' 몇몇 의학적 사진들과 극명하게 대조된다. 이 이미지들은 또한 벽들이 온통 장례식 포스터들로 도배된 거리의 광경과도 대조된다. 게토의 사망률이 엄청나게 높았던 만큼, 이 광경은 참담했던 당시 게토의 상황을 보여준다. 이렇게 이 이미지들은, 만연한 죽음 앞에서조차 한 사회 계층이 다른 계층보다 더 가치가 있다는 암시를 계속해서 만들어내야만 했던 상황을 보여준다.

여기에서 우리는 에마누엘 린겔블룸의 역사적 사유에 내재된 사회적 비판의 차원을 재발견한다. 따라서 논리적으로 추론해볼 때, 오이네그 샤베스의 사진 컬렉션을 구성하는 세번째 패러다임은 **통치 불가능한 민중**, 즉 이름 없는 자들, 난파된 자들로 이루어진 민중의 패러다임일 것이다. 그것은 어떤 정부도 돌보려 하지 않았을 민중이다. 모든 정부, 심지어 유대인 정부조차 적대적일 수밖에 없었던 민중이다. 그러면 '모든 것을 무릅쓴 삶,' 통치되지 않는 삶이라는, 경계 없는 영역이 열리게 된다. 다시 말해 그것은 생존을 위한 절박한 필요로 인해 위법적이거나 비밀스러울 수밖에 없는 영역, 즉 온전히 자기 자신에게 내맡겨진 영역을 말한다. 그것의 시각적 표징은 아마도 모든 종류의 제복과 대조되는, 당시 거리의 아이들이 입었던 남루한 옷이거나 기운 누더기일 것이다. 1946년에 열린 금속 상자는 그와 관련된, 적어도 두 개의 이미지를 보존하고 있었다.

또한, 여섯 장으로 구성된 일련의 사진은 게토 주민들이 운동장이나 건물의 지붕 같은, 사용 가능한 모든 공간을 찾아 감자와 그 밖의 채소들을 재배하는 방법을 보여주고 있다. 몇몇 광경은 이러한 상황 속에서 파생된 소규모 상업이나 식량, 석탄 또는 의복 따위의 물물교환, 심지어 사형에 처해질 수도 있는 밀매까지도 증언한다. 예를 들어, 중이층中二層 창문에서 찍은 것으로 추정되는 두 장의 이어지는 사진에서 첫번째 사진은 전경의 창살이 시야를 가로막고 있는데, 아마도 식량이 들었을 큰 자루 하나가 벽돌 담 너머 '아리아인 구역'에서 게토로 반입되는 장면을 보여준다. 이 사진들 전체의 집합적 장면들 속에서는 더 이상 '단체 초상사진'의 틀에 박힌 공식은 존재하지 않는다. 사진 속 사람들은, [카메라를 통해] 그들을 응시하는 사람과 친숙한 사이인 듯, 한 사람 한 사람씩 다가온다. 그들은 때때로 미소를 짓고 있는데, 이것은 그들이 서로 신뢰하고 있

다는 표시이다. 즉, 그들을 찍고 있는 이는 그들 가운데
한 사람으로, 그들과 잘 아는 사이임을 나타낸다.

1   Z. Flisowska et M. Krasicki(dir.), *The Emanuel Ringel-blum Jewish Historical Institute*, Varsovie: Żydowski Instytut Historyczny im. Emanuela Ringelbluma, 2014, pp. 32~55("아카이브"), pp. 88~91("참고자료").

2   같은 책, p. 88.

3   예를 들어 *Archiwum Ringelbluma. Konspiracyjne Archiwum Getta Warszawy, I. Listy o Zagładzie.* 혹은 *Archiwum Ringelbluma. Konspiracyjne Archiwum Getta Warszawy, III. Relacje z Kresów*, éd. A. Żbikowski, Varsovie: Żydowski Instytut Historyczny im. Emanuela Ringelbluma, 2000을 참고할 것.

이미지의 시각성이 형성되는 각각의 시선,
각각의 기술적 행위 — 프레이밍, 초점, 밝기,
몽타주 — 에 투입된, **흩어진** 도덕적 관점들.

　오이네그 샤베스의 아카이브 전체는 일종의 '도덕
적 계약'과도 같은 무엇에 의해 가능했으며, 그것에 의
해 계속해서 지탱되었다. 어찌 보면 윤리적 입장 취하

기에 의해서라고 말하는 편이 낫겠다. 이러한 관계를 가능케 했던 근본적인 토대 자체는 신뢰였다. 마치 슐라메크가 헤움노 수용소에서 벌어졌던 일에 대한 자신의 경험을 ― 신성한 증여의 의미와 법적 진술의 의미를 담아 ― **공술했을** 때처럼 말이다. 또는 가족 편지의 수신자들이 린겔블룸 아카이브의 수집가들에게 자신의 자료를 **위임했을** 때처럼 말이다. 내가 여기서 말하는 대부분의 이미지들, 즉 사진가와 피사체 사이에 확립된 관계 속에서도 바로 그와 같은 신뢰가 작동하고 있는 것처럼 보인다. 그것은 양쪽 모두 같은 세계에 속해 있었기 때문에 가능했다. 그들은 분명 서로 마주 서 있었지만, 이는 그들 모두를 에워싸고 있는 ― 그들 모두를 죽음에 빠뜨리고 있는 ― 상황 속에서 서로의 시선을 나누기 위한 마주 봄이었다.

린겔블룸 아카이브의 사진들을 보면서 나는 다소 음울한 어조의 문구 하나가 자연스럽게 떠올랐다. 나는 **그때 죽어가는 사람들이 서로가 서로를 바라보고 있었다**고 생각했다. 마치 다른 상황들 ― 물론 이만큼 비극적이지는 않지만, 고립된 이와 수감자 들이 처했던 상황들 ― 속에서, 굴욕을 당한 사람들이 서로가 서로를 바라볼 수 있었던 것처럼 말이다.[1] 그리하여 나는 이 사진들 전체를 거대한 시각적 탄식으로, 각 개인의 **소멸 해가는** 위상에 대한 수임受任으로, 그럼에도 최대한 위엄 있고 정확한 시선에 의해 인도된 — 지지되고, 배치되고, 구성된 — 것으로 응시했다. 게르숌 숄렘이 히브리어 키나에 대해 "가르침은 탄식했고 탄식은 가르쳤다"[2]라고 한 말처럼, 필사본이든 사진이든 오이네그 샤베스의 각각의 자료는, 감정이 지식이 되고 지식이 감정이 될 수 있는 이 **이중적 거리**를 잘 구축하고 있다.

린겔블룸 아카이브의 사진들이 담긴 바인더의 투명 파일을 넘기면서, 나는 게토의 거리에서 구걸하고 있는 어린 소년의 이미지 앞에서 잠시 멈추었다. 그 아이는 오른손에 양철통을 들고서, 왼손으로는 구걸하는 사람의 전형적 몸짓을 하고 있다. 아이 뒤에는 벽돌 벽이 있다. 아이가 쓴 모자는, 얼마 지나지 않아 — 1943년 4월 또는 5월에 — 독일군 총의 위협에 두 팔을 들어 올리게 될, 그 유명한 '바르샤바의 유대인 소년'이 썼던 모자와 같은 종류이다.[3] 아이는 사진가를 향해 미소를 짓는 듯하면서도 동시에 탄식하고 있는 것처럼 보인다. 나는 나도 모르게 얼굴을 사진 쪽 가까이 기울였다. 하지만 투명 비닐 보호막에서 그 사진을 감히 꺼내지는 못하고, 그저 크게 클로즈업하여 카메라에 담았다. 내가 그렇게 이 아이의 얼굴에 다가감으로써, 나 자신 또한 사진적 행위 자체의 어떤 것, 즉 **접촉**으로서의 행위를 되풀이했던 것은 아닐까? 하지만 나는 이미지를 보호막 아래 그대로 둠으로써 — 이로 인해 내가 찍은 사진에는 일종의 빛나는 구름, 이미지 자체에는 존재하지 않았던 희미한 분위기가 생겨났다 — 그 순간 나를 사로잡았던 감정의 텅 빈 공동 속에서 어떤 **거리**를 유지했던 것은 아닐까?

사진은 대개 이러한 현상학 자체에 응답하는 것이 아닐까? 그것은 접촉인 동시에 거리가 아닐까? 다소간의 접촉과 다소간의 거리? 이 이중적 위상이 — 그 윤리적 결과와 함께 매번 다시 문제시되면서 — 린겔블룸의 역사학자로서의 실천과 그의 『일기』 여기저기에서 드러나고 있다는 점은 의미심장하다. 예를 들어 그가 '스케치'라든가 '게토의 이미지'라는 다큐멘터리적인 몽타주의 글쓰기를 촉발시켰을 때 그는 매우 시각적이고, 일반적으로는 감각적인 접근 방식을 단호하게 선택했다. 요컨대 그것은, 우우우우우에에에에에에에!!!!〔사이렌〕, 타타타타! 타타타타! 타타타타!〔기관총〕, 또는 S.O.S.! S.O.S.! S.O.S.! S.O.S.!!!!!!!!!! 등과 같은 묘사적 표현에서 읽을 수 있는 일련의 '음향 이미지들'[4] 혹은 우연이 아니라 의도적으로 '스냅사진'이라는 단어로 지칭된, 전형적으로 영화적이거나 사진적인 장면들 전체를 가리킨다.[5]

또 다른 한편으로, 에마누엘 린겔블룸은 그의 『일기』에서 게토에 갇힌 유대인 아이들이 그들 자신의 도시인 바르샤바의 아름다움을 사진으로밖에 볼 수 없는 역설에 대해 언급하기도 했다.[6] 1941년 8월 『일기』에서는 "〔강제노동〕 수용소에서 노동자로 일했던 〔이〕 거지는 매우 아름답고 생기 넘치며 젊고 건강해 보이는 자신의 사진을 가지고 다닌다. 그런데 지금 그는 누더기를 두른 무기력한 사람의 모습이다"[7]라는 묘사도 있다. 그는 사진의 추잡한 사용, 특히 나치에 의해 '사냥 전리품'이나 전쟁 트로피처럼 사용되었던 경우 또한 잊지 않았다. 그는 1940년 4월 13일, 다음과 같이 기록했다. "루블린에는 〔안톤〕 브란트라는 이름의 〔게슈타포〕가 있었는데, 그는 벽을 보고 줄지어 선 유대인 그룹을 찍은 사진과, 그중 절반가량이 살해되었음을 보여주는 또 다른 사진을 지니고 있었다. 이 〔사진 속 살아남은〕 유대인들과 함께, 제3의 유대인 〔그룹〕이 살해당한 유대인들을 땅에 묻었다."[8] 같은 날짜의 일기에 린겔블룸은 "한 여성이, 어떤 군인 하나가 자신에게 유대인 가족사진을 보여주면서 운하임리히한unhejmlech●〔불안하게 이상한〕 방식으로 웃었다고 말했다. 아무튼 그 군인은 무슨 일이 일어났는지, 그와 사진 사이에 어떤 관계가 있는지 말하기를 거부했다고 한다. 그러나 우리는 그가 사진 속의 유대인 가족을 살해했다는 것을 짐작할 수 있다"[9]라고도 썼다.

나는 유대인역사연구소에서의 마지막 몇 시간을, 30여 년 전 야네크 야기엘스키Janek Jagielski가 설립한 사진부서의 넓은 자료실에서 보냈다. 그는 바르샤바 게토에서의 삶과 죽음의 다양한 양상들을 가까이서나 멀리서, 접촉과 거리 속에서 문서화할 수 있는 모든 종류의 이미지들을 찾아냈고, 이 작업은 지금도 여전히 진행되고 있다. 야네크 야기엘스키는 옛날 방식으로 작

● 독일어 'unheimlich'에서 유래한 이디시어 '아ומהיימלעך'의 알파벳 표기로 추정된다.

업한다. 그가 다른 곳에서 태어났더라면 함부르크에 있는 아비 바르부르크의 도상학 레퍼토리에 기여했을 수도 있었을 것이다. 그는 종이, 가위, 풀, 마분지 상자를 사용하는데, 이는 소위 **종이 시대**의 인식론과 완벽하게 일치한다.[10] 결과적으로, 그의 방법론은 아카이브 자체를 지배하는 방법론과는 매우 다르다. 그는 자신의 손을 거쳐 간 게토의 사진 이미지가 담고 있는 정확한 장소—거리 이름과 번지수—를 사진 위에 작은 화살표로 표시한다. 그는 사진에 찍힌 사람들의 신원을 확인하고 이름을 붙이기 위해 가능한 모든 방법을 동원한다. 이는 고집스럽고 불가능한, 다가가기의 또 다른 방식이다. 그는 바르샤바 유대인 묘지의 모든 묘비들, 남아 있는 모든 파편들을 알고 있다. 그렇기에 그는, 더는 예전의 거리와 얼굴이 남아 있지 않은 이 도시에서, 다른 무엇보다 지형학과 인물학에 관심을 기울인다.

그는 출처를 가리지 않고 자료를 수집한다. 나치의 이미지를 사용하는 것도 두려워하지 않는다. 빌리 게오르크Willy Georg*나 하인리히 요스트의 잘 알려진

* 제2차 세계대전 중 무선병으로 독일군에 복무했던 사진가이다. 그는

컬렉션은 물론이고, 끔찍한 슈트로프 보고서 외에도,[11] 야네크 야기엘스키는 바르샤바에 주둔했던 SS나 국방군Wehrmacht 병사들의 제복 주머니에서 나왔을 법한 놀라운 사진 자료들을 수집했다. 이 자료들은 그 자체로 연구할 만한 가치가 있으며, 의심할 여지 없이 관련 분야에서 가장 최근까지 획득된 지식을 확장하는 데 기여할 것이다.[12] 나는 이 끔찍한 사진들을 훑어본다. 소리 없는 비명을 지르고 있는 이 종이들을. 트레블링카로 유대인을 '이송'하는 도중에 촬영된 움슐라크플라츠. 아마도 군용 차량에서 촬영된, 거리 위 죽은 사람들. 사방에 흩어져 있는, 온갖 방식으로 절단된 시체들. 그리고 게토의 장벽 근처 빈 요람을 찍은 사진도 있다. 무

1941년 여름, 자신의 소속 부대가 바르샤바에 주둔하던 시기, 한 장교의 지시를 받고 게토 안에 들어가 사진 촬영을 감행했다. 촬영 중 독일 경찰에 적발되지만 당시 카메라 안에 장착되어 있던 필름만 압수당하고 나머지 네 통의 필름은 게토 밖으로 가지고 나오는 데 성공했다. 하인리히 요스트처럼 게오르크 또한 이 사진들을 비밀리에 간직하다가, 1980년대 말즈음 홀로코스트 비극을 기억하는 데 헌신했던 작가이자 언론인인 라파엘 샤르프Rafael Scharf를 만나 이 사진들을 전달했다. 샤르프는 이 사진들 중 일부를 선별해 『바르샤바 게토에서: 1941년 여름In the Warsaw Ghetto: Summer 1941』(1993)을 출판했다.

엇이 독일 병사로 하여금 이 사진을 찍도록 만들었을까? 유대인들이 단순히 자신의 모자를 들어 올리고 있는 거리의 사진 이미지들은 시각적으로 구축된, 권력의 어떤 감정에 상응하는 것일까? (모든 '노예'는 정중하게 자신의 '주인'에게 경의를 표해야 하기에, 우리는 이러한 몸짓의 신호를 통해 사진가가 독일인이었다는 것을 추측할 수 있다.)

　나는 쇼아에 대한 시각 자료, 무엇보다 독일 자료를 사용하는 것의 정당성 여부에 관하여 특히 프랑스에서 제기되었던 수많은 논쟁들을 다시 떠올린다.[13] SS가 찍은 사진 한 장을 보는 것만으로도 은밀하게 '나치의 관점'에 빠져드는 것은 아닐까? 수많은 것들을 경험한 80대의 야네크 야기엘스키의 생각은 달라 보인다. 하루 종일 일하면서 마주하는 '이미지들의 비명 소리'에도 불구하고, 그는 이 이미지들에 대해 상당히 자유로운 관점을 견지한다. 하인리히 요스트나 SS 장군 위르겐 슈트로프가 작성한 보고서의 사진들이 어떻게 진정한 **항로 표지**amers ── 이 끝없는 시간의 쓰라림amertume 속에서 방향을 잡기 위한 이정표 ── 로 남아서, 바르샤바 게토에 대한 우리의 역사적 이해를 여전히 인도하는 걸까? 때때로 어떤 사진 이미지들은 그것을 '포착했다prises'•고 믿는 사람보다 더 강력할 수 있기 때문이다. 이 이미지들은 사진가 자신이 본 것과는 다른 것을 우리에게 보여줄 수 있기 때문이다. 이미지들은 언제나, 그것을 만든 자들에 맞서 증언할 수 있기 때문이다.

두려워하지 않고 바라보는 것, 그것은 전적으로 우리에게 달려 있다. 그것은 우리가 본 것을 비판할 줄 알면서 바라볼 때 가능하다. 유대인역사연구소를 처음 방문한 날, 나는 전에 한 번도 본 적 없었던 영상을 보면서 매우 큰 충격을 받았던 것을 기억한다. 그것은 코블렌츠 연방기록보관소Bundesarchiv Koblenz가 소장하고 있는, 1942년 5월에 독일인들이 게토에서 촬영한 16mm 컬러 필름이었다. 그것은 물론 선전 영화였다. 우리가 이 필름에서 보는 모든 것은 카메라 렌즈 앞에서 실제 일어났던 일들이지만, 우리가 보는 그 모

• 'prendre'(prises의 기본형)라는 동사는 '사진을 찍다'라는 표현에 사용되지만, '잡다' '취하다' '덮치다' '빼앗다' 등의 의미가 있다. 사진가의 의도에 갇히지 않고 탈주하는 이미지의 힘에 대하여 말하고 있는 이 대목에서는 이미지를 포착하고, 소유하고, 통제하에 둔다는 의미로 사용되었다.

든 일어났던 일들은 사전에 위조되고, 연출되고, 왜곡되고, 억압되고, 전복된 것들이었다. 예를 들어, 우리는 한 정육점 가판대에서 붉은색이 선명한 커다란 고깃덩어리들을 본다. 이 붉은색, 이 아름다운 아그파컬러Agfacolor•의 붉은색이 내 가슴을 깊이 찌른다(나는 그 순간에는 왜 그런 느낌이 들었는지 이유를 알지 못했다). 그것은 생명의 붉은색이지만, 죽임을 당한 생명의 붉은색이다. 그것은 신체 내부의 붉음이다. 그것은 유대인들에게는 허락되지 않았던 고기였다. 에마누엘 린겔블룸은 같은 시기인 1942년 5월, 자신의 『일기』에서, 나치의 이 선전용 촬영에 대해 특정 세부사항을 서술하면서, 구호 급식소가 운영되고 있음에도 사람들이 "파리처럼 죽어가는" 것을 막지 못한다는 사실에 절망하고 있었다.[14]

• '아그파컬러'는 독일 아그파Agfa사가 개발한 세계 최초의 실용적인 3색 단일 컬러 필름 제품 시리즈이다. 1932년 처음 나온 제품은 스크린 플레이트 버전이었지만, 1936년 일반적인 컬러 필름의 선구적 형태인 '아그파컬러 노이Agfacolor Neu가 출시되었다. 나치 독일은 이 기술을 활용해 선전용 컬러 영상을 제작했다. 여기서 저자가 언급하고 있는 바르샤바 게토에서 촬영된 16mm 컬러 필름도 이 기술로 제작된 것으로 보인다.

한 장의 사진은 영화의 포토그램처럼 접촉과 거리를 동시에 담고 있다. '음화cliché' '인화tirage' '시험 인화épreuve' 또는 '밀착 인화planche contact'라는 단어들만 보더라도, 사진적 시각성은 적어도 아날로그 사진 기술의 범주 안에서는 일종의 **접촉에 의한 유사성**과 같은 무엇에서 비롯된다는 것을 알 수 있다.[15] 그러나 '촬영prise de vue'이라는 표현을 보면, 접촉이라는 뜻을 함축하고 있는 **잡기**prise라는 단어는, 이미 거리를 전제로 하는 **시야**vue로 확장되며, 또 그 안에서 실현된다. 동일한 한 이미지는—나는 예를 들어 게토의 벽을 등지고 홀로 웅크리고 있는 한 아이의 이미지를 떠올린다—오이네그 샤베스 문서들 속에 (즉, 아카이브의 금고들 중 하나에 보관되어) 있을 수 있는 동시에, 야네크 야기엘스키에 의해 훗날 구축된 사진 컬렉션 속에 (즉, 쉽게 접근할 수 있고 조작될 수 있는 상태에) 있을 수도 있다. 이렇게 **인화에 인화를 거듭**하면서, 사진 매체 고유의 기술적 복제성 덕분에 이 사진 이미지는 흩어지고, 흩뿌려지고, 그 수가 늘어날 것이다. 실제로 바르샤바 연구소 외 다른 기관들의 사진 컬렉션도 이 사진 이미지를 소장하고 있는데, 바로 이 때문에 이 사진이 다른 사진보다 더 유명해졌다(예를 들어, 보르비치의 문집에 수록된 이 사진은 파리의 현대 유대인자료센터Centre de documentation juive contemporaine가 소장한 인화본을 복제한 것이다[16]). 의심의 여지 없이, 인화된 사진의 시각적 품질은 매번 매우 다르게 나타날 것이며, 그 결과 이런 종류의 역사에서 '원본'이라는 개념은 종종 그 정확한 의미를 상실할 수 있다.

따라서 인화에 인화를 거듭하면서 접촉은 재생산되고 분산된다. 그리고 그 과정 자체를 통해 거리의 공간을 만들게 된다. 그렇게 되면, 하나의 동일한 이미지 앞에서 접촉과 거리의 개념을 분리하려는 시도는 불합리해진다. 그런 맥락에서, 예를 들어 린겔블룸 아카이브의 출판이 전사轉寫나 〔문헌학적〕 비평 장치*와 나란히, 비록 그 품질이 형편없다 하더라도 필사본의 사진

* '전사transcriptions'란 한 언어의 소리(음소 또는 실제 발음)나 텍스트를 특정 언어의 문자 형태로 체계적으로 옮겨 적는 작업을 말한다. '비평 장치appareil critique'는 특정 텍스트의 작가, 제작 시기, 구성, 의도, 출판 등에 관한 내용을 밝히기 위하여 검토되는, 해당 텍스트와 관련된 인용, 참고문헌, 출처, 각주, 서문, 역사적 또는 문헌학적 해설 및 각종 색인과 부록 등과 같은, 학술적 성격의 요소들 전체를 가리킨다.

복제에 의존해야 했다는 점은 의미심장하다.[17] 이는 증인들의 필적과의 **접촉을 연장하는** 방식이었고, 나아가 세상에 전달하기 위하여 그들의 궁극적인 몸짓에 내재된 시간성과 감수성을 연장하는 방식이었다. 그러나 '접촉을 연장하는' 것은 **새로운 거리를 만드는** 것과 다름없으며, 접촉이 본래적이고 다산적이었던 만큼이나 이 거리 또한 필연적이고 다산적이었다. 바로 그 때문에 오이네그 샤베스 구성원들은 이미 존재하는 사진 인화본을, 그들 자신의 필요에 따라 다시 사진 찍는 것을 주저하지 않았다. 그렇게 해서 얻은 사진 이미지에서 우리는, 아비 바르부르크의 빌더아틀라스Bilderatlas*에서

● 아비 바르부르크가 고대부터 동시대까지 서구 문명의 기원과 전개를 미술 도판, 우표, 신문이나 잡지 스크랩, 가계도, 지도 및 평면도, 광고 삽화 등 다양한 사진 복제 이미지들을 검은 패널 위에 조직해 보여주고자 했던 프로젝트를 말한다. 제1차 세계대전 속에서 불안과 광기로 고통받았던 바르부르크는 1918년부터 1924년까지 정신병원에 수용되었다가 이후 함부르크로 돌아와 1929년 사망하기 직전까지 서구 문화에 '잔존'하는 고대의 이미지를 가시화하기 위한 이 프로젝트에 전념했다. 이 프로젝트에서 바르부르크는 르네상스 시대에 남아 있는 고대 양식의 흔적을 시각적으로 드러내고, 이러한 고대적 모티프의 시대착오적 반복을 통해 전통에서 전달되는 표현적 가치에 양식이 필연적으로 가하는 변형을 설명하고자 했다. 패널 위 이미지들은 일정한 위계 없이 언제든 재배치될 수 있

처럼, 모서리에 고정된 압정들을 볼 수 있다. 이 압정들은 원래의 사진 인화본을 고정시켜 더 잘 복제하기 위한, 다시 말해 그것에 잔존의 기회를 부여하기 위한 행위의 흔적으로 읽힌다. 따라서 아카이브의 특정 사진 인화본에서 볼 수 있는 이 압정들을 통해 우리는, 비록 그것이 조잡한 작업에 불과했을지라도, 증언하기 위하여 텍스트에서 텍스트로, 이미지에서 이미지로 이어가야만 했던 작업 자체의 무엇인가를 인지하게 된다.

이것이 바로, 오이네그 샤베스 그룹이 이미지의 '기원'과 관련하여 어떠한 주저나 후회 없이 실행에 옮겼던 발견적 방법heuristique일 것이다. 우리 자신 또한 사진의 사진에 불과한 이미지들을 매일 사용하고 있지 않은가? 더 넓게 보자면, 우리는 우리의 '마음에 와닿는' 것과 거리를 만들면서, 그러나 그 거리를, 세상을 향해 열려 있으며, 멀리 더 멀리 재생산되는, **흩어져 있지만 그럼에도 접촉인**, 흩뿌려진 접촉의 형태로 만들면서 표

는데, 바르부르크는 이때 이미지들 사이 충돌과 연상 관계를 통해 연대기적, 공간적 질서를 초월한 집단 기억의 모델을 구축하고, 그 의미를 다시 찾아내고자 했다.

현하고 있지 않은가? 철학자 조르조 콜리Giorgio Colli는 일반적으로 **표현**에 대해, 가장 깊은 곳에서 샘솟는 (거미의 내장에서 분출되는 끈적끈적한 체액과도 유사한) 어떤 것, 그리하여 모든 **재현**이 불러일으키는 사유 그 자체에 이르기까지 (거미가 자기 내장에서 실을 뽑아 두 나무 사이에 엮어내는 경이로운 거미줄과도 유사하게) 거리를 두고 흩어지며 주변으로 이주하는 어떤 것과 같다고 말하지 않았던가?[18]

조르조 콜리는 그의 유고 노트 『접촉의 철학』에서 다음과 같이 간결하게 썼다. "참됨vrai이란, 접촉에서 유래한dérive 것을 일컫는 말이다."[19] 접촉은 진실을 담지할 수 있다. 하지만 우리는 그것을 사유하기의 방향으로 올바르게 '표류하게dériver' 만들 줄 알아야 한다. 또한 우리는 접촉을 하나의 추상적인 지점이 아니라, 자신의 고유한 취약함 속에서 수용된 하나의 윤리적 몸짓으로 사유할 수도 있어야 한다. 따라서 그것은 '틈'•

• 여기서 '틈'으로 옮긴 원문의 'interstice'는 문자적 의미인 '틈새' '간격'이라는 뜻을 넘어서, 의학적인 맥락에서 생체 조직이나 기관 사이에서 특별한 역할을 하거나 그 사이를 침범하는 무언가를 의미하는 단어로 사용되며, 학계에서 대체로 '조직간組織間'이라고 번역되어왔다. 따라서 이

의 열림처럼 구성되는 "인접한 두 점 사이의 분할"[20]을
말한다. 그것은 이미 하나의 사이 두기이다. 접촉 행위
자체에서의 '표류' 운동, 즉 흩어짐을 향한 출발이다.

틈은 무엇과 무엇 사이의 단순히 빈 공간을 의미하지 않고, 그 사이에서
무언가 서로 영향을 주고받으며 끊임없이 변화하는 상호작용의 공간을
의미한다.

1   G. Didi-Huberman, "Quand l'humilié regarde l'humilié" (2009), *Remontages du temps subi. L'œil de l'histoire, 2*, Paris: Les Éditions de Minuit, 2010, pp. 197~215를 참고할 것.

2   G. Scholem, *Sur Jonas, la lamentation et le judaïsme*, p. 61.

3   F. Rousseau, *L'Enfant juif de Varsovie. Histoire d'une photographie*, Paris: Éditions du Seuil, 2009를 참고할 것.

4   *The Ringelblum Archive. Underground Archive of the Warsaw Ghetto, I. Warsaw Ghetto: Everyday Life*, pp. 4, 17.

5   같은 책, pp. 93~94.

6   E. Ringelblum, *Journal du ghetto de Varsovie*, p. 251.

7   같은 책, p. 257.

8   같은 책, p. 96.

9   같은 책, pp. 98~99.

10 특히 A. te Heesen(dir.), *Cut and Paste um 1900. Der Zeitungsausschnitt in den Wissenschaften*, Berlin: Vice Versa, 2002. A. Kramer et A. Pelz(dir.), *Album. Organisationsform narrativer Kohärenz*, Göttingen: Wallstein Verlag, 2013을 참고할 것.

11 J. Stroop, *The Stroop Report: "The Jewish Quarter of Warsaw is no more!"*(1943), 번역자 미상의 원서 복제본, New York: Pantheon Books, 1979. R. F. Scharf(dir.), *In the Warsaw Ghetto, Summer 1941. Photographs by Willy Georg with Passages from Warsaw Ghetto Diaries*, London: Robert Hale, 1993. G. Schwarberg, *In the Ghetto of Warsaw: Hein-*

rich Jöst's Photographs.

12 V. Uriah(dir.), *Flashes of Memory. Photography during the Holocaust,* Jérusalem: Yad Vashem, 2018을 참고할 것.

13 G. Didi-Huberman, *Images malgré tout,* Paris: Les Éditions de Minuit, 2003을 참고할 것.

14 E. Ringelblum, *Journal du ghetto de Varsovie,* pp. 327, 329, 341.

15 G. Didi-Huberman, *La Ressemblance par contact. Archéologie, anachronisme et modernité de l'empreinte*(1997), Paris: Les Éditions de Minuit, 2008을 참고할 것.

16 M. Borwicz(dir.), *L'Insurrection du ghetto de Varsovie,* 부록 삽화집의 도판 2.

17 예를 들어 다음을 참고할 것. *Archiwum Ringelbluma. Konspiracyjne Archiwum Getta Warszawy, I. Listy o Zagładzie,* 또한 *Archiwum Ringelbluma. Konspiracyjne Archiwum Getta Warszawy, III. Relacje z Kresów.*

18 G. Colli, *Philosophie de l'expression*(1969), trad. M.-J. Tramura, Montpellier: Éditions de l'Éclat, 1988, p. 71.

19 G. Colli, *Philosophie du contact. Cahiers posthumes, II* (1961~1977), éd. E. Colli, trad. P. Farazzi, Paris: Éditions de l'Éclat, 2000, p. 95.

20 같은 책, pp. 39~40.

유예된 존재들에 있어, 끝없이 밀려오고
물러나는 파랑波浪처럼, 불안과 미소 사이에서,
죽음의 전망과 그럼에도 말장난을 할 수 있는
가능성 사이에서 갈라졌다 다시 모이기를
반복하는, **흩어진** 감정의 물결들.

오이네그 샤베스의 사진 기록물들 가운데 ― 결국

똑같이 죽을 운명임에도, 특권 계층 특유의 오만함을 과시하고 있기에 우스꽝스럽게 느껴지는—유덴라트의 격식을 갖춘 단체 초상사진과 유대인 경찰이 줄지어 세우거나, 무리를 이루게 하거나, 또는 조밀하게 모아놓은 채로 찍은 일반 민중의 사진 사이에 매우 뚜렷한 분할선을 그을 수 있다. 이 후자의 이미지에는 뭔가 다른 것이 담겨 있다. 사진가는 피사체와 결코 멀리 떨어져 있지 않기 때문에 사진 속 얼굴들은 완벽하게 구별되며, 사람들은 주저하지 않고 렌즈를 바라본다. 예를 들어, 한 무리의 남자들 가운데 몇몇은 냉소적이거나 온화한 미소를 지으며 렌즈를 향해 경례를 하고 있다. 내가 비닐 보호막에서 꺼낸 한 사진에서는 저마다 얼굴에 특별한 감정—상황과 관련된 기다림의 감정 외에도—을 표현하고 있는 듯한 한 무리의 여성들의 표정을 명확하게 볼 수 있다. 뒷모습으로 찍힌, 이 사진 속 유일한 유대인 경찰은 마치 사진의 프레임 바깥으로 나가고 있는 것처럼 보인다. 시장바구니를 들고서 흰색 스웨터와 어두운 코트를 입고 있는 한 젊은 여성이 카메라 렌즈를 향해 미소 짓고 있다. 우리는 그녀를 다른 사진 속에서, 아담 체르니아쿠프 옆에 얌전하게

서 있는 모습으로 다시 볼 수 있다.[1]

　그렇다면 이 미소는 무엇을 표현하는 걸까? 나는 앞에서 사진가에 대한 신뢰라고 제안한 바 있다. 그런데 이는 곧 아담 체르니아쿠프가 이끌었던 ‘유대인 정부’ 자체에 대한 어느 정도의 신뢰이기도 했을 것이다. 베르나르트 골트스테인의 가차 없는 주석을 읽는다면, 우리는 이 신뢰가 오히려 지나친 순진함에서 비롯된 것임을 알 수 있다. “거리는 인파로 북적인다. 손에 꾸러미를 든 남자들이 보도와 차도 위에 앉아서 기다린다. 아이들은 울면서 ‘아빠! 엄마!’를 부르며 길을 헤맨다. 기이한 광경이다. 남자들은 면도하고, 세수하고, 이를 닦고, 몸을 정돈한다. 여자들은 분을 바르고, 입술과 뺨에 연지를 바르고, 거울을 보며 머리를 매만지고, 옷매무시를 가다듬는다. 악마에게 잘 보이려는 것이다! 선별자들 앞에서 자신이 일을 잘할 수 있고, 쓸모 있는 사람이라는 것을 어필하기 위해 유리하게 보이려는 행동이다.” 어떤 일이 되었든 그 일을 함으로써 게토에 만연한 기아에서 벗어날 수 있다고 믿는 것이다. 골트스테인은 결국 “삶과 죽음 사이에서 흔들리는 이 불쌍한 사람들의 머릿속, 영혼 속에서 무슨 일이 일어나고 있는가?"라고 자문하기에 이른다. 분트의 전단지를 통해 대량 학살을 직시하라는 그의 호소는 게토 주민들에게 아무런 반응도 이끌어내지 못했다.[2]

그렇다면 이 미소는 어쩌면 이중의 층위를 지니고 있는 것은 아닐까? 삶을 향한 의미(다른 사람, 다른 유대인에 대한 신뢰)와 죽음을 향한 의미(유덴라트를 통해 치명적으로 전달되는 나치의 거짓말에 대한 맹신), 이 두 개의 의미가 하나로 겹쳐 있었던 것은 아닐까? 나는 프로이트Sigmund Freud가 농담Witz에 대한 그의 책에서 시인 하인리히 하이네Heinrich Heine를 인용했던 것이 기억난다. "이 여자의 얼굴은 재록양피지*를 닮았다"[3]라고 그는 썼다. 바르샤바 유대인역사연구소에 보관된 사진들을 보면, 우리는 많은 얼굴들이 재록양피지와 같다는 생각을 쉽게 수긍할 수 있을 것이다. 진행 중인 그들 운명의 글쓰기가 그들의 희망이나 친근함의 미

---

* '재록양피지再錄羊皮紙'라고 옮긴 원문의 'palimpseste'는 모종의 이유로 원래 쓰여 있던 글자를 지우고 그 위에 글자를 새로 써넣은 양피지를 말한다. 지워진 원 문장은 육안으로는 판별이 어려우나, 자외선이나 X선 등을 사용한 특수 스캐너로 복원이 가능하며, 지워진 원 내용이 귀중한 고문서로 밝혀지는 경우도 있다.

소 뒤에서 계속해서 지워지는 것만 같다. 1946년 헤르슈 바세르가 잔해의 바다 한가운데에서 노볼립키 거리의 지하실을 찾아냈던 것처럼, 오늘날 아그니에슈카 카이치크가 현재의 바르샤바 거리 아래에서 파괴된 도시의 지형을 찾아내고 있는 것처럼, 모든 미소, 사진 찍힌 모든 얼굴의 고고학을 수행할 줄 알아야 할 것이다. 거기에서 각각의 이름과 목소리와 역사를, 희망과 절망을 되찾기 위해서 말이다. 실제로 바르샤바 유대인역사연구소에는 '계보 조사부서'가 존재한다. 이 부서 소속 연구원들은 소멸의 위험을 피할 수 있었던 사진과 묘비 또는 지방 당국의 공식 문서와 같은 유적들 뒤에 숨어 있는, 한 사람 한 사람의 시간의 질감을 최대한 복원하려고 노력하고 있다.

그런데 정확히 바로 여기에, 이미 린겔블룸이 아카이브를 구성하고자 노력했던 이유가 있다. 1902년에 아비 바르부르크가 피렌체 국립 아카이브Archivio di Stato di Firenze의 서류를 뒤지면서 "들을 수 없는 목소리의 음색을 복원하려고" 했던 것처럼,[4] 에마누엘 린겔블룸은 자신의 역사학적 실천을 목소리들, 얼굴들, 유일성들에 대한 탐구로 만들었다. 얼굴들? 그것은 경찰들이 찾는 전부인, 말하자면 인상착의와는 거리가 아주 먼, 주고받는 시선, 말을 건네는 목소리, 환영하는 몸짓, 진실이나 인정의 발언이 제공하는 윤리적 가능성들을 의미한다. 이 모든 것이 하나의 얼굴을 이룬다. 당신을 바라보고 당신에게 말하고, 당신에게 자신의 눈물과 웃음을—자신의 감정뿐 아니라, 의심할 여지 없이 자신의 **정신**까지도—내맡기는 누군가이다. 어떤 정신을 말하는가? 위대한 인물들의 정신일까? 물론 바르샤바 게토에는 교수와 학자, 랍비와 시인, 예술가 또는 역사가 들이 있었고, 그들은 끝까지 동포들에게 이성을 잃지 말 것을 격려하려고 애썼다.

그러나 이러한 역사적 상황에서는 가진 것이 없는 평범한 사람들의 정신에 대해서도 말해야 한다. 그들에게 재담, 농담, 유머는 아주 자주 그들의 삶에 도움이 되었다. 린겔블룸의 위대함 가운데 하나는 그가—인류학적 관심의 일환이었을지라도—바르샤바 게토에서의 악몽과도 같았던 시간 속에서, 이렇게 사람들 사이에 떠돌던 재치 있는 언행들이나 재미있는 이야기들을 기록했다는 것이다. 린겔블룸은, 프로이트가 농담에 대한 그의 저서에서 꿈과 농담의 공통된 메커니즘으로부터 추론했던 바에 관하여 분명 완벽하게 이해하고 있었다. 꿈과 농담의 심리적 작동은 "희구법optatif을 현재형으로 전환시키는 역할을 하며, '아, 만약 그게 가능했다면…'이라는 표현을" 비유적으로, 유머러스하게 또는 아이러니하게 진술된 "'그것은 그렇다'라는 표현 방식으로 대체한다"라고 프로이트는 썼다.[5] 이렇게 린겔블룸은 자신의 『일기』에서 가장 잔혹한 사실들을 지나서 주저 없이, 게토의 민중에 의해 고안된 필사적인 재담과 희망의 농담 들로 넘어갔다.

예를 들어, 그는 1940년 11월 23일, "빵은 구하기 어려워졌고 1킬로그램에 4즈워티나 한다. 밀가루와 다른 필수품 가격도 마찬가지이다. 상점들은 텅 비었다"라고 썼다. 그리고 줄을 바꾸는 것 외에 아무런 맥락적 설명 없이 다음과 같은 문장이 곧바로 이어진다. "우주의 주인이 무슨 일이 일어나고 있는지 보기 위해 천사를 지상에 보냈다. 그가 돌아와 보고한 내용은 다음과 같다. '독일, 이탈리아, 일본에서는 모두가 제복을 입고 평화를 이야기합니다. 영국에서는 모두가 평상복을 입고 전쟁에 대해 이야기합니다. 폴란드에서는 모두가 맨발로 걸어 다니며 승리를 믿고 있습니다.' 폴란드의 유대인들은 더 나은 시간이 올 것이라 확신하고 있는 것이다." 1941년 5월 20일, 린겔블룸은 사람들이 루돌프 헤스*에 대해 말하면서, ness(히브리어로 '기적'), mess('시체'), 그리고 hässlich와 유사한 hesleche(독일어로 '혐오스러운')라는 단어들을 가지고 말장난을 한다고 적었다.[6]

1942년 5월 8일, 많은 사람들이 "파리처럼 죽어가는" 동안에도 린겔블룸은 다음과 같이 보고했다. "사람들은 처칠Winston Churchill이 독일을 물리칠 방법에 대한 조언을 구하기 위해 게르Ger의 레베rèbbè**를 자신

* Rudolf Hess(1894~1987): 히틀러의 최측근 중 하나로, 히틀러 집권 당시 무임소 장관, 나치당 부총통을 역임했다. 린겔블룸이 이 일기를 쓰기 열흘 전인 1941년 5월 10일, 소련에 대한 기습 공격 직전에 그는 영국과의 평화 조약을 제안하기 위해 직접 개조한 비행기를 조종해 영국으로 향했으나, 영국군에 사로잡혀 종전 때까지 전쟁 포로로 억류당했다. 헤스의 갑작스러운 영국행은 당시 많은 나치당 지도자들을 당혹스럽게 했으며, 그가 정신 이상이라고 보도하며 제국 내에서 그의 흔적을 없애려고 했다. 그는 종신형을 선고받고 복역하던 중 1987년 목을 매 자살했다.
** '레베'는 단순히 '랍비rabbi'의 이시디어 형태가 아니라, 하시디즘 전통에서 '영적 지도자'를 뜻하는 고유한 개념이다. 랍비가 주로 율법 해석과 교육에 권위를 두는 제도적 역할을 수행하는 반면, 레베는 하시디즘 공동체에 개인적, 영적 지침을 주는 '의인tzadik'이자 신적 축복의 통로로

의 집으로 초대했다고 이야기한다. 레베는 그에게 '이길 수 있는 두 가지 방법이 있습니다. 하나는 자연적인 방법이고 다른 하나는 초자연적인 방법입니다. 자연적인 방법은 번쩍이는 검으로 무장한 백만 명의 천사가 독일을 덮쳐 쓰러뜨리는 것입니다. 초자연적인 방법은 백만 명의 영국 낙하산 부대를 독일에 투입해 파괴하는 것입니다'라고 대답했다고 한다."[7] 심지어 흐루비에슈프Hrubieszów 지역에서 대량 학살이 자행되던 시기의 가장 가슴 아픈 편지들 — 그중 몇 통의 편지는 1942년 6월 4일에 바르샤바로 보내진 것이다 — 속에서도, 우리는 그라보비에츠Grabowiec 게토의 이름과 폴란드어로 '땅을 파는 장소,' 즉 무덤을 의미하는 그로보비에츠 grobowiec라는 단어를 가지고 말장난을 하는, 그러한 서글픈 유머를 발견한다.[●8]

여겨진다. '게르Ger'는 폴란드의 구라 칼바리아Góra Kalwaria라는 지역에서 유래한 하시디즘의 한 종파 이름이다. 따라서 게르의 레베는 이 종파의 최고 영적 지도자를 가리킨다.

● '그라보비에츠'는 폴란드 동부에 위치한 자모시치Zamość군에 속한 마을의 이름이다. 1939년 소련에 이어 마을을 점령한 독일군은 이 마을의 유대인들을 강제노동에 동원하고 게토에 분리, 거주하게 했다. 1942년

끝까지 자신의 정신과의 접촉을 놓지 않기, 끝까지 그 정신으로 하여금 말하게 하기. 상상하고, 고찰하고, 질문하고, 비판하고, 논평하기. 계속해서 세상을 읽기. 물론 린겔블룸은 이러한 태도를 함께했을 것이다. 그는 자료 수집 작업과 일기 쓰기에서 그것을 비할 데 없는 깊이와 강렬함의 수준으로 끌어올리기까지 했다. 그리하여 그가 주변에서 관찰하는 모든 것은, 문자 그대로 그의 내면에서, 그의 입장에서 일어난 일에 대한 하나의 기술이 된다. 역사가가 책을 좋아하는 것은 당연하다. 그런데 린겔블룸은『일기』초반부터 독일군에 의해 자행된 게토에서의 책 파괴와 약탈에 대해 참담한 심정으로 이야기한다. 유대인들 역시 공포에 질려 자신들의 책을 스스로 파괴하거나 숨긴다. "새로운 시대에 대한 두려움 때문에 귀중한 책들과 오래된 잡지들 또한 파괴되었다. 로자시Rozasj라는 어떤 이는 상황이 어떻게 변할지 몰라 그의 책을 은닉처 안에 보관했다. Yivo〔이디시 과학연구소〕의 많은 자료가 화마 속에서 사라졌

에는 여러 차례에 걸쳐 유대인들을 소비보르 절멸수용소로 강제 이송해 학살했으며, 이로 인해 그라보비에츠의 유대 공동체는 완전히 소멸되었다.

고, 도서관 전체가 전소되었다"라고 린겔블룸은 1939
년 12월에 썼다.[9]

그 후 게토의 유대인들은 빵을 조금이라도 사기
위해 가장 귀하게 여겼던 책들마저 길바닥 위에 늘어
놓고 팔기 시작했다. 그렇지만 "〔1939년〕 폭격의 와중
에도 〔폴란드 국립〕 도서관에서 유대(교) 문헌Judaïca
부서만은 유일하게 계속 운영되었다. 30여 명의 사람
들—그중 25명 정도가 유대인이었다—이 도서관까
지 가는 길에서 맞닥뜨려야만 했던 모든 위험을 감수
하면서도 책을 찾으러 왔다"[10]라고 린겔블룸은 기록했
다. 빌리거나 참고할 책이 더 이상 없었을 때, 사람들은
스스로 미친 듯이 책을 쓰기 시작했다. "그는 미쳐버렸
다. 그 노교수는 자신의 회고록을 쓰고 있다. 〔…〕 회
고록을 쓰고자 하는 욕구가 너무 강한 나머지 강제노
동수용소에 수감된 아주 어린 소년들조차 회고록을 쓴
다."[11]

정신의 경이로운 조형성이랄까. 새로운 공포 상황
이 닥칠 때마다 몸짓, 이미지, 언어, 노래의 새로운 발
명이 이루어진다. 1942년 1월에 독일군은 '모피에 관한
법령'을 부과했는데, 이 법령은 혹한의 러시아 전선에

서 싸우고 있는 독일군들을 위해 재활용할 수 있도록 게토의 모든 유대인에게 그들의 외투, 토시, 털목도리, 심지어 아이들의 모자까지 모두 헌납할 것을 강요하는 내용이었다. 린겔블룸은 복종부터(법령 위반 시 사형에 처해질 수도 있었다), 자신의 모피를 스스로 망가뜨려서라도 절대 "적의 손에 넘어가지 않게 한다"는 결심까지, 이 법령에 대한 유대인들의 온갖 반응들을 열거했다. 그런데 그는 농담이나 거리의 노래처럼 "이 모피 사건이 풍부한 민속적 일화들을 낳았다"는 점도 기록하고 있다.[12] 린겔블룸은 『일기』에 — 오이네그 샤베스를 위해 수집한 자료들 이외에도 — 그 자신이 "게토 내 문화적 작업"[13]이라고 명명한 것에 대해 여러 페이지를 할애했는데, 여기에는 비밀 교육, 이디시어 연극, 음악회, 학술 강연 등이 포함된다.

결정적 국면을 맞이했던 1942년 6월에 린겔블룸은 다음과 같이 썼다. "우리의 생사는 그들〔나치〕에게 주어진 시간에 달려 있다. 만약 그들에게 아직 시간이 많이 남아 있다면, 우리의 운명은 이미 끝난 것이다." 그럼에도 그는 같은 시기에 이렇게 질문하기도 했다. "게토의 사람들은 무엇을 읽고 있는가?"[14] 당시 린겔블룸 자신은 절체절명의 순간에도 1914년 독일의 북프랑스 침공을 다룬 "〔막상스〕 반 데르 메르슈[Maxence] Van der Meersch의 대작*을 다시 읽으려 하고 있었다.[15] 이 세부 사항은 중요하다. 이것은, 이 역사학자의 소양이 비교 연구학적 관점에 대한 개방적 태도를 토대로 형성되었다는 것을 보여준다. 타자들의 역사는, 그것이 아무리 절박하고 특수한 것일지라도, 우리 자신의 역사에 대해 무언가를 가르쳐주는 일을 결코 멈추지 않을 것이다. 다른 시간과 공간에서 일어난 일들을 이해할 수 있기 위해서 우리가 오늘날 다시 읽어야 할 것은 바로 에마누엘 린겔블룸일 것이다.

• 1914년 독일군의 북프랑스 침공과 그 이후 점령 기간 동안 프랑스 민간인들의 삶을 그린 소설 『침공 14 *Invasion 14*』를 말한다. 이 작품은 전투 중심의 전쟁 소설이 아니라, 작가가 직접 수집한 증언, 일화, 실화 등을 토대로 쓴 점령하의 일상과 민간인들의 고통, 협력과 저항, 생존을 다루고 있다.

1   야네크 야기엘스키에 따르면, 이 사진은 1942년 3월 11일 촬영된 것으로 유대인 감옥에 수감되었다가 석방된 여성들을 보여준다. 이날 아담 체르니아쿠프는 자신의 『일기』에 다음과 같이 썼다. "오후 3시 30분, 나는 유대인 감옥의 수감자 151명을 석방했다. 이들 가운데 다섯 명은 사망했고, 일곱 명은 병원에 있다. 나는 30명 이상을 보호소에 보냈고, 나머지는 각자의 집으로 돌아가게 했다. 나는 수감자들에게 담화를 발표했다. 모두가 크게 감동받았다. 거리에서는 군중이 수감자들을 기다리고 있었다." A. Czerniaków, *Carnets du ghetto de Varsovie*, p. 225.

2   B. Goldstein, *L'Ultime Combat. Nos années au ghetto de Varsovie*, p. 143.

3   S. Freud, *Le Mot d'esprit et sa relation à l'inconscient* (1905), trad. D. Messier, Paris: Gallimard, 1988, p. 172에서 인용.

4   A. Warburg, "L'art du portrait et la bourgeoisie florentine. Domenico Ghirlandaio à Santa Trinita. Les portraits de Laurent de Médicis et de son entourage" (1902), trad. S. Muller, *Essais florentins*, Paris: Klincksieck, 1990, p. 106.

5   S. Freud, *Le Mot d'esprit et sa relation à l'inconscient*, p. 294.

6   E. Ringelblum, *Journal du ghetto de Varsovie*, pp. 168, 248.

7   같은 책, pp. 326~27.

8   *Archives Ringelblum. Archives clandestines du ghetto de Varsovie, I. Lettres sur l'anéantissement des Juifs de Pologne*, pp. 172~74.

9   E. Ringelblum, *Journal du ghetto de Varsovie*, p. 34.

10   같은 책, p. 155.

11   같은 책, pp. 53, 202.

12   같은 책, pp. 307~309.

13   같은 책, p. 252.

14   같은 책, p. 355.

15   같은 책, p. 356.

같은 폭풍우에 휩쓸리면서도 서로 대립하고 있는
겹겹의 기슭들처럼, 한 민족이 다 같이
위협받고 있을 때조차 그 안에서 드러나고 마는,
흩어진 정치적 균열들, 차이와 불화 들.

린겔블룸 아카이브의 작은 자료실에서 오이네그
샤베스의 이미지 자료를 둘러싼 대화 도중에 나는 게

토의 장벽 너머로 식량 밀수가 어떻게 이루어졌는지를 순간적으로 포착한 두 장의 사진 중 하나를 더 자세히 살펴보기 위해 케이스에서 꺼냈다. 요컨대, 이 사진은, **막다른 벽에 몰린**dos au mur 자신의 상황을 받아들이지 않았던 일부 유대인들이, 프랑스어 표현이 잘 말해주듯이, 어떻게 목숨을 걸고 **벽을 넘으려는**faire le mur 시도를 했는지를 보여준다. 공교롭게도 이 사진 바로 아래에, 고위급으로 보이는 몇몇 장교들에 둘러싸인 아담 체르니아쿠프 ― '의장'이라는 지위에도 불구하고 불명예스러운 완장을 찬 ― 와 그 앞에서 차렷 자세를 취하고 있는 유대인 경찰을 찍은 사진 한 장이 놓여 있다. 이렇게 이 두 이미지 사이에 적나라한 정치적 균열이 벌어진다. 근본적인 분열이 일어난다. 위협받는 동일한 세계 ― 즉 게토 자체와 그 안에 사는 모든 것 ― 의 내부에 존재하는 [서로 다른] 두 세계가 대립의 상태에 들어선다.

물론 이러한 갈등적 현실은 전체적인 비극을 더욱 가중시킨다. 어떤 사람들은 모든 종류의 협상, 거래를 통해 나치의 폭력을 지연시키거나 완화할 수 있다고 생각했다. 반면 다른 사람들은 오히려 그것이 나치의 절멸 기계의 작동을 촉진할 뿐이라고 생각했다. 에마누엘 린겔블룸은 후자에 속했다. 그는 1939년 12월 이미 "어떤 이들은 지하로 숨어들어 모습을 감춘 채 다시는 보이지 않는다"라고 썼고, 곧이어 1940년 3월에는 "유대인은 불법 상태에서만 살아갈 수 있으며, 〔그리고〕 합법적인 삶은 불가능해 보인다"라고 인정하게 된다.[1] 그런 다음 그는 예를 들어, 게토에 고기를 불법적으로 반입하는 다양한 방법을 설명한다. "가축을 산 채로 통과시키거나, 이미 유대교 의식으로 도살된 동물의 고기를 들여온다. 말의 경우, 두 마리의 말이 끄는 마차가 들어오고 〔나중에는〕 한 마리만 끄는 마차가 나가는 방식으로, 산 채로 반입된다."[2]

린겔블룸은 또한 게토와 '아리아인 구역' 간의 전화 통화에서 사용된 암호들을 설명한다. 이 암호는 벽 너머로 물품을 조직적으로 운반하기 위해 만들어진 것이었다. "예를 들어, A는 물품이 5시에 발송될 수 있음을 의미하는 암호이다. B는 경로가 자유롭지 않다는 것을 의미한다."[3] 그는 1942년 10월에 은닉처에 대한 중대한 문제들을 다시 점검한다. "1) 주거지, 2) 다락방, 3) 지하실과 무너진 건물의 잔해. 이중 벽, 막아버린 벽

감, 은폐된 다락방, 뭔가로 덮어버린 붙박이 찬장, 뒷방, 외부에서 폐쇄한 아치형 공간…"⁴ 1942년 12월 24일에는 "이제 모두가 은신처를 마련하고 있다. 사람들은 어디에나 그것을 만든다. 〔…〕 그것을 만드는 일은 말 그대로 번성하고 진화하는 전문업이 되었다"⁵라고 쓰고 있다. 그리고 얼마 지나지 않아 "은신처의 90퍼센트는 유대인 경찰에 의해 발견되었다"⁶는 무서운 세부 설명을 덧붙인다.

린겔블룸은 현실주의적인 역사가였다. 그는 나치가 강요한 계약으로 정당화되었던 경찰 행위에 의한 합법성과, 단지 살아남고자 하는 욕망 하나로 정당화되었던 불법성 사이에 벌어진 그 거대한 실존적, 사회적, 정치적 균열과 함께, 게토의 모든 주민이 총체적 소멸의 위기에 처해 있었던 바로 그 순간, '유대 민족' 자체가 내부적 갈등의 체제로 진입하고 있는 것을 똑똑히 보았다. 린겔블룸은 그의 『일기』에서 동포들의 행동을 관찰하면서, 종종 "부자들의 추잡함, 상스러움"⁷을 한탄한다. 그는 "전향자들이 혐오스럽게 행동한다"⁸고 적었다. 또 그는 "게토의 도덕적 타락이 날로 심화되고 있다"고 기록했는데, 이것이 성과 돈, 죽음에 대한 태도에서 드러난다는 것은 우연이라 할 수 없다. 특히 죽어가는 사람과 시체는 "더는 마음의 동요를 일으키지 않게 되었고," 그렇게 "죽음에 대한 뚜렷하고 현저한 무관심이 자리 잡았다."[9] 시체는 서둘러 종이 수의에 싸여 묻혔고, 그 수의는 나중에 푼돈으로 거래하기 위해 회수되었고, 때로는 죽은 사람의 금니를 뽑기도 했다.[10]

에마누엘 린겔블룸은 마르크스주의 역사가이기도 했다. 그는 이러한 관점에서 이 모든 것이 무엇보다도 특정한 정치적 선택 — 또는 특정한 권력관계 — 의 결과라는 것을 잘 알고 있었다. 그는 1941년 5월 6일에서 11일 사이에 다음과 같이 썼다. "유대인 거리의 도덕적 붕괴는 참혹한 양상을 띠었다. 〔…〕 이 모든 것이 정치적 상황과 연관되어 있다."[11] 그런 다음 그는 수많은 정치적 조류들 간의 차이를 넘어서 주민들 사이에 퍼졌던 '경찰에 대한 증오심'을 묘사한다.[12] 마르크스주의 역사가로서 그는 — 유대인 주민 전체가 나치에 의해 무차별적으로 위협받고 있다는 사실을 잘 알고 있었지만 — 게토 내에서 정치적으로 전개되는 모종의 '계급 투쟁'을 직시한다. 그는 자신들의 특권이 영속하리라는 헛된 확신에 빠진 오만한 부르주아와 극도의 빈곤

이 공존하는, 언어도단의 불평등에 대해 역겨움을 감추지 않는다. 1942년 1월, "문학인은 여전히 문학인으로 남는다"라는 아이러니하고 애정 어린 문장으로 끝나는 '책 거래'에 대한 훌륭한 묘사에 이어서, 린겔블룸은 「케힐레kehile의 계급적 특성」이라는 제목의 글에 몇 단락을 과감하게 할애한다. 히브리어로 케힐라kehillah는 전통적인 유대인 공동체 또는 유대교 신자들의 모임을 의미하지만, 여기서 린겔블룸은 이 용어를 거의 냉소적으로 유덴라트를 지칭하는 데 사용한다.[13]

오이네그 샤베스의 사업을 이해하기 위해 결코 잊어서는 안 되는 것은, 그 사업이 처음부터 끝까지 유덴라트와 나치 당국 모두의 감시를 피해 은밀하게 수행되었다는 점이다. 이로 인해 린겔블룸 아카이브는 역설적인 보물, 즉 **파리아의 종이들***로 이루어진 보물이 된

---

* '파리아paria'는 인도 카스트 제도에서 '불가촉천민'을 뜻하는 산스크리트어 'paraiyar'에서 유래한 말이다. 19세기 이래 유럽에서는 사회적으로 배척된 자, 부랑자 등을 지칭하는 의미로 확장되어 쓰였다. 디디-위베르만은 끝없이 방랑하며 떠돌아야 했던 유대인들의 삶을 이야기하며, 그렇게 세계로부터 배척된 가난한 삶과 그 삶으로부터 파악된 세계에 대한 상, 즉 '아틀라스'를 전형적인 파리아로 언급한다. 이제 이 세계의 중심축

다. 이는 유대인 공동체의 유력자들에 의해 제시된 게임 규칙을 따르지 않은, 어떤 생존에 대한 증언이다. 라울 힐베르크Raul Hilberg는 그의 기념비적인 저서 『유럽 유대인의 말살』에서 다음과 같이 회고했다. "1939년 11월 28일 자 〔독일 제국의 폴란드〕 총독부의 법령에 따라 모든 유대인 공동체는 인구가 1만 명 미만이면 12명, 그 이상이면 24명으로 구성된 유덴라트를 선출해야 했다. 당시 많은 평의회가 이미 기능하고 있었지만, 이 법령의 공포는 최근에 자리 잡은 (나치) 민정民政에 대한 그들의 종속성을 확실시했으며, 공식 기관으로서 그들의 지위를 공고히 했다. 제국 내에서처럼 폴란드에서 유덴라트는 주로 전쟁 전의 유대인 인사들로 구성되었는데, 이들은 폴란드 공화국 시절, 지역 공동체 평

은 더 이상 이성적 질서에 의해 포착되는 것이 아니라, 외려 그로부터 배제된, 모든 미천한 파편 하나하나, 가장 사소한 것, 가장 미미한 증상, 가장 비참한 기적 속에 편재한다는 것이다(G. Didi-Huberman, *Atlas ou le gai savoir inquiet*, Paris: Les Éditions de Minuit, 2011 참고). 그런 맥락에서 '파리아의 종이'는, 곧 어떤 제도적 질서—유대인 평의회나 나치 행정 체계—에도 속하지 않는 곳, 배제된 동시에 저항하는, 흩어진 삶의 자리에서 기록되고 채집된 문서들을 의미한다고 볼 수 있다.

의회의 일원이었거나, 시의회에서 유대인 정당을 대표했거나, 아니면 종교 단체 또는 자선 단체에서 활동했던 사람들이다. 대부분의 경우, 아인자츠그루펜Einsatz-gruppen•의 장교나 새로운 민간 행정의 관료가 이전 유대인 공동체 평의회의 의장—그렇지 못할 경우 그의 대리인이나 동의하는 다른 구성원—을 소환하고, 그에게 유덴라트를 구성하도록 명령했다. 이러한 신속한 인선 방식은 종종 기존의 지도자들 다수를 그대로 유지하는 결과를 가져왔고, 새로운 인물을 거의 받아들이지 않았다. 예를 들어, 바르샤바와 루블린에서는 오래된 유력자들 대부분이 그들의 직책에 유임되었다.”[14]

한나 아렌트Hannah Arendt가 저서 『예루살렘의 아이히만』에서 제기한 유덴라트에 대한 정치적 비판이 큰 논란을 불러일으켰다는 것은 잘 알려진 사실이다. 게다가 이 논란의 폭풍이 가라앉으려면 아직 멀었다.

• ‘아인자츠그루펜’은 나치 독일의 친위대 SS 산하 준군사 조직으로 제2차 세계대전 중 활약했던 특수 경찰 및 작전 집단을 지칭한다. 특히 1939년 9월 폴란드 침공과 1941년 6월 소련 침공 이후 독일 국방군이 점령한 지역에서 ‘최종 해결책’의 주요 실행 부대로서 주로 총기를 사용한 대량 학살을 자행했다.

아렌트의 비판이 '유대 민족'이라는 말이 의미하는 바의 가장 아픈 부분, 즉 핵심적인 상처를 건드렸기 때문이다. 한나 아렌트는 대량 학살 과정 자체에서 유덴라트의 역할에 대해 가차 없는 평가를 표명했는데 — 그럼으로써 동시대인들, 특히 게르숌 숄렘과 강하게 충돌했던 몇 대목을 1966년 제2판본에서 수정해야만 했다 — 사실상 마르크스주의적 관점과는 별개로, 게토의 민중과 바로 그들의 지도자, 즉 독일인들에 의해 동원되었으며 독일인들과의 '협상'을 통해 뭔가를 구해낼 수 있다고 믿었던 그 유력자들 사이에 벌어진 정치적 분열을 강조했을 뿐이었다. 그녀는 예를 들어 1963년 9월 14일에 게르숌 숄렘에게 보낸 답장에서 "나는 유덴라트와 유대 민족의 다수 대중을 판단하는 문제에 있어, 이들 사이에 구별해야만 하는 차이점이 있다는 것을 다시 한 번 강조하고 싶습니다"[15]라고 썼다.

　끔찍한 현실은 이들 모두가 결국 학살당했다는 것이다. 아렌트는 1963년, 이를테면 아담 체르니아쿠프와 같은 고인들에 대한 비판적 평가를 수행했다.[16] 이는 철학적으로, 역사적으로, 정치적으로는 필요한 행동이었지만, 매우 불경스러운 행동이기도 했다. 특히 전쟁 후 1939년에서 1945년 사이에 사망한 모든 유대인들에게, "신의 이름의 찬미"를 뜻하는 키두쉬 하셈Kiddush hashem*을 행한 자의 위상을 부여하기로 결정한 유대인 공식 기관들의 정치신학적 결정을 고려하면 더욱 그러했다. 기억의 문제에 대한 이러한 결정의 목적은 분명 죽음을 통해 민족을 하나로 재통합하려는 데 있었다. 이 민족은 확실히 박해자들의 적대로 인해 결집된 민족이었지만, 아렌트가 **기득권층**이라고 칭한 유덴라트의 '지도자들'이, 나머지 〔유대〕 '민중' 위에 구축한 종속관계에 내재했던 갈등으로 인해, 그 고통의 역사적 현실 속에서 — 또는 그 실존적, 사회적, 정치적 일상의 현실 속에서 — 분열된 민족이기도 했다.

　　오랫동안 나는 '유대인'이라는 명사를 소문자로 써

---

* '키두쉬 하셈'은 히브리어로 '하느님의 이름을 거룩하게 함'이라는 뜻으로, 유대교에서 매우 중요한 개념에 해당한다. 넓은 의미로는 유대인으로서 하느님의 계명을 지키고 경건한 삶을 사는 것을 말하지만, 좁은 의미로는 박해 속에서도 유대교 신앙을 지키기 위해 기꺼이 순교하는 행위를 가리킨다. 역사적으로 수많은 유대인들이 박해자들로부터 배교를 강요받았을 때 신앙을 지키기 위해 목숨을 바쳤고, 이러한 행위는 키두쉬 하셈으로 존경받았다.

왔지만, 이 글에서는 대문자 J로 시작하는 표기 방식
[Juif]을 사용하고 있다. 소문자 표기는 프랑스어에서
사실상 종교적 속성을 지시한다. '무슬림 신자un musul-
man' 또는 '기독교 신자un chrétien'라고 하는 것처럼 '유
대교 신자'를 'un juif'라고 소문자로 표기한다. 반면에
대문자는 민족적 속성을 나타낸다. 이를테면, 바르샤
바 게토의 장벽 안에서 종교인이든 아니든, 기획된 전
멸에서 살아남으려 노력했던 것이 하나의 민족 전체였
다는 사실을 어떻게 의심할 수 있겠는가? 하지만 이 민
족이 고통 속에서 또는 압제자에 대항하는 투쟁 속에
서 단결했다는 생각은 불행히도 환상이다. 역설은, 이
민족이 죽음 속에서는 하나였지만 삶 속에서는 흩어져
있었다는 데 있다. 파열과 균열로 갈라지고 갈등이 관
통하는, 복수적인pluriel 민족이었다는 역설. 이것이 바
로 한나 아렌트가 강조하고자 했던 것이다. 린겔블룸
의 텍스트와 오이네그 샤베스의 아카이브를 다시 들여
다보는 것은, 그 역사를, 그것이 실제로 전개되었던 바
로 그 시간 속에서 대면하게 만든다. 그렇게 우리는, 린
겔블룸이 비극의 한복판에서 겪었던 그 자신의 경험에
서, 유덴라트에 대해 아렌트가 했던 것보다 훨씬 더 혹

독한 말을 했다는 것을 확인하게 된다. 이를테면 그는
『일기』에서 유대인 경찰을 '깡패gangsters 경찰' 또는 '유
대인 게슈타포' 일당이라고 말하는 것을 주저하지 않았
다.[17]

모든 아카이브는 결합하는 동시에 흩어놓는다. 린
겔블룸의 아카이브는 바르샤바에 포위된 유대 민족le
peuple juif을 그들의 다양한 시련들 속에 결합하는 동시
에, 모든 것을 복잡하게 만드는 것을 두려워하지 않고
그들의 불화를 정확하게 기록함으로써 게토의 **유대 민
족들**les peuples juifs을 흩어놓는다. 그 속에서 입장을 취
하면서 말이다. 이것이 이 아카이브의 문서들이 '갈등
의 문서'이자 '도전의 문서'로 간주될 수 있는 이유이다.
이 문서들의 존재 자체가 게토의 통치성*의 외적 규칙

* '통치성gouvernementalité'은, 1978년 콜레주 드 프랑스의 강의 "안전,
영토, 인구Sécurité, territoire, population"에서 미셸 푸코가 처음 그 개념
을 명확히 정의하고, "생명관리정치의 탄생Naissance de la biopolitique"
과 같은 후속 강의 등을 통해 발전시킨 용어이다. 푸코에 의하면, 통치성
이란 "권력을 행사하게 해주는 제도, 절차, 분석, 고찰, 계측, 전술의 총체"
를 가리킨다. "전체화하는 동시에 개별화하는omnes et singulatim" 권력
인 통치성은, 한편으로는 개인의 물리적 신체로부터 몸짓과 태도 자체를
통제하고 변형시키는 규율이 되어 개체로서의 인간을 대상으로 하지만,

과 내적 규칙에 대한 절대적 위반을 의미했다. 그것은 이를테면 **절망**이, 뿐만 아니라 봉기하려는 **욕망**이, 하나의 **흩어진 것-되기**devenir-épars와 같은 무엇인가에 존재를 개방시키는 일과도 같다. 1940년 3월 6일, 린겔블룸은 『일기』에 다음과 같이 기록했다. "그들〔아인자츠그루펜〕은 총알 한 발로 세 사람을 쏘아 죽였다. 파르체프Parczew에서는 많은 사람들이 스스로 목숨을 끊길 원했다. 그들은 봉기하기 위해 길 위에서 흩어졌다. 그들〔또 다른 사람들〕을 감시하던 경비병 인원이 13명에 불과했기 때문이다."[18]

다른 한편으로는 '인간-종'으로서의 인구를 대상으로 삼는다. 통치성은 이러한 이중적 관리를 통해 외적인 물리적 강제력에서 내적인 자발성의 영역으로 확장되어, 주체의 전면적이고 자발적인 예속관계, 복종 외의 다른 어떤 선택도 없는 복종의 상태, 자기 의지를 갖지 않는다는 것 외에는 다른 어떤 의지도 갖지 않는 '주체성'을 만들어낸다(푸코, 『안전, 영토, 인구』, 오트르망 옮김, 난장, 2011 참고).
● 이 인용문은 린겔블룸이 바르테가우Warthegau 전투에서 포로가 된 600여 명의 유대인에게 벌어진 비극적 사건에 관하여 쓴 일기의 한 대목이다. 린겔블룸에 의하면 이 사건에서 나치는 포로들을 파르체프로 이송하는 도중에 뒤처지거나 부상당한 이들을 헛간에 가두고 20명씩 끌어내 200여 명을 짐승 사냥하듯 사살했다고 한다. 절망적 처지에 놓인 포로들 중 많은 이들이 스스로 목숨을 끊고자 했으며, 일부는 봉기를 시도하기

이렇게, 증거자료를 수집하기 위해 고안된 아카이브가 점차, **봉기하는 문서들**의 흩어진 집합이 되었다. 그것은 저항의 특정 행위들을 증언할 뿐만 아니라 스스로가 그러한 행위의 위상에 부합하고자 하는 문서들이었다. 1940년 10월 10일 무렵, 에마누엘 린겔블룸은 나치에 의해 강압되고 유덴라트에 의해 인계된 상황에 저항할 수 있는 세력들에 대해 언급했다. 그는 특정 그룹들의 정치적 성향에 관해 의문을 제기했는데, 그중에는 자칭 스파르타쿠스라고 불렀던 공산주의자 그룹도 있었다.●[19] 1941년 8월 말, 그는 '유대인 대중'의 침묵과 체념에 큰 충격을 받았는데, 그 침묵과 체념은 나치의 거짓말과 유덴라트에 부여된 신임, 보복에 대한 두려움, 그리고 무엇보다 실질적인 정치 조직의 부재에서 비롯된다고 썼다.[20]

그 후, 1942년 10월 15일, 그는 번민 속에서 자문

도 했다.
● 린겔블룸은 1940년 10월 12일과 13일 자 일기에서, 폴란드 사회당 내에 농민당 총수였던 비토스Witos에 기우는 우파와 스파르타쿠스라는 좌파적 성향의 그룹 중에 게슈타포와 결탁한 그룹이 있다는 의혹을 기록하고 있다.

하게 된다. "**왜**일까? 30만 명의 바르샤바 유대인이 〔강제〕 이송되기 시작했을 때, 왜 아무도 저항하지 않았는가? 왜 도살장에 끌려가는 양 떼처럼 당하고만 있었는가? 적은 어떻게 그토록 손쉽게, 최소한의 방해조차 없이 〔자신의 목표를 달성할〕 수 있었을까? 어떻게 학살자 쪽에서는 단 한 명의 희생자도 발생하지 않았을까? 어떻게 50명의 SS 대원(일각에서는 그 수가 훨씬 적었다고 주장한다)이, 겨우 200명의 우크라이나인과 라트비아인으로 구성된 SS 보조 부대의 지원만으로, 아무런 마찰 없이 〔이 계획을〕 실행할 수 있었는가?" 여기서 **왜** 또는 **어떻게**라는 물음은 깊이를 헤아릴 수 없는 절망적인 문제를 제기하며, 의미심장하게도 「애가서」에 나오는 첫번째 단어인 에이카eikha●의 고발하는 듯

● 「애가서livre des Lamentations」는 유대교 성경 '타나크Tanakh'에 수록된 시서詩書 가운데 하나로, 다섯 편의 시로 구성되어 있다. 이 다섯 편의 시 중 1장과 2장과 4장의 첫 단어가 '아!' 또는 '어찌하여'라는 탄식과 의문을 담고 있는 '에이카'라는 단어로 시작되기에 히브리어 경전에서는 이 시서를 '에이카'라고 했으며, 탈무드를 비롯한 여러 언어권의 성경에서는 그리스어로 기록된 현존하는 가장 오래된 성경 번역 '70인 역'의 '슬픔의 노래threnoi'라는 번역을 따라 '애가'라고 했다. 이 애가는 BC 586년 바빌로니아 제국에 의한 예루살렘의 멸망에서 살아남은 생존자들의 감

한 강박적 질문을 — 아마도 생각하지 못한 채 — 재연하는 것처럼 보인다.[21]

곧이어 에마누엘 린겔블룸은 질문을 제기하는 차원을 넘어 항거를 호소하는 차원으로 나아가길 원했다. 새뮤얼 카소는 이 역사학자가 어떻게 모르데하이 아니엘레비치와 차츰 가까워졌는지 설명한다. 린겔블룸은 1939년 이 청년과 책을 교환하고 역사와 경제에 대해 토론할 기회가 있었다. 1943년에 게토에서의 반란을 이끌다가 스물네 살의 나이로 죽음을 맞이했던 아니엘레비치는 처음부터 나치의 대량 학살 기계에 직면한 유대인들의 상황에 대처할 수 있는 것은 무장 저항뿐이라는 생각을 고수했다. 이 청년을 회고하면서 린겔블룸은 무기를 들고 싸우기로 결심했던 젊은이들과 게토의 '성숙한' 세대 사이의 또 다른 불화 관계에 대해 자책의 감정을 고백하게 된다. "우리의 동지 모르데하이는 바르샤바 유대인과 폴란드 유대인의 역사가 그

정과 신앙이 복합된 서정시로, '티샤 베아브' 등 유대 주요 절기에 낭송되어, 공동체의 분열로 인한 파괴적 손실, 고립, 고통, 괴로움 등이 수반된 공포의 경험을 공동체의 기억 속에 간직하는 주요 방식으로 자리 잡았다.

대가를 혹독하게 치러야 했던 두번째 실수를 저질렀다. 〔젊은이들은〕 기성세대의 의견, 즉 경험이 많고, 현명하고, 심사숙고하는 사람들, 점령군과 싸우자는 생각에 반대하는 수천 가지의 잘 정리된 주장을 펴는 사람들의 의견에 지나치게 귀를 기울였다. 그 결과 역설적인 상황이 초래되었다. 어른들, 이미 인생의 반을 지나온 이들은 말하고, 숙고하고, 전쟁에서 살아남는 것에 대해 염려했다. 어른들은 삶을 꿈꿨다. 젊은이들, 유대 민족이 지닌 최고의 구성원, 가장 아름답고, 가장 고귀한 이들의 머릿속에는 오직 명예로운 죽음밖에 없었다. 그들은 전쟁에서 살아남을 생각을 하지 않았고, '아리아인'〔위조〕 신분증을 만들지도, 〔게토〕 반대편에 피난처를 마련하지도 않았다. 그들의 유일한 관심사는 가장 명예로운 죽음, 2천 년 된 민족에게 합당한 종류의 죽음이었다."[22]

이러한 상황에서 에마누엘 린겔블룸의 『일기』의 마지막 글 중 하나가 젊은 레지스탕스에 대한 찬사였다는 것은 놀라운 일이 아니다. "**레지스탕스**. 작은 게토의 유대인이 한 독일군의 목을 움켜쥐었다. 또 다른〔독일군〕 한 명이 총을 쏘았고, 격분하여 (판스카Pańska 또는 트바르다Twarda 거리에서) 유대인 열세 명을 죽였다. 우크라이나인의 총을 빼앗아 도망친 날레브키Nalewki 거리의 유대인. 청년의 역할. 전쟁터에 끝까지 남아 있는 유일한 이들은 낭만주의자이고 몽상가인 청년들이다. [⋯] 청년들, 파르티잔, 교란 행위."[23] 린겔블룸 자신은 무기를 들지 않았지만 — 많은 동포를 구하기 위해 여러 차례 목숨을 걸었음에도 불구하고 — 역사가로서 그의 모든 모험적 실천, 즉 그의 문서 작업은 저항과 도전의 탁월한 행위로 간주되어야 한다. 그런 맥락에서 루타 사코프스카Ruta Sakowska는 그의 작업을 나치가 기획한 거짓과 절멸에 대한 "사후의 지적 승리"라고 말할 수 있었을 것이다.[24]

아마도 오이네그 샤베스는 다양한 자료 수집에 기반을 둔, 역사적 지식의 소박한 — 오, 하지만 너무나 큰 어려움과 위험을 감수해야만 했던 — 하나의 모험적 실천처럼 보일 수 있을 것이다. 그런데 지식은 그것을 모으고, 생산하고, 전달하는 사람과도 같다. 그것은 짓밟히거나 또는 짓밟으려고 한다. 그게 아니면, 그것은 스스로 봉기하고, 우리를 봉기하게 한다. 역사는, 엔초 트라베르소Enzo Traverso가 잘 말했듯이, 단지 인간이 벌인 전쟁에 관한 이야기로 그치는 것이 아니라, 그 자체로 전쟁터이다.[25] 그렇다면 오늘날은 어떠한가? 유럽은 더 이상 전쟁 중이 아니지만, 전쟁은 쉼 없이 다른 많은 영역을 황폐화시키고 있다. 유럽은 더 이상 전쟁 중이 아니지만, 전쟁 난민을 수용할 줄 모른다. 유럽의 기억은 계속 희미해진다. 아마도 그것은, **유럽의 기억**이, 자각하지 못한 채, **전쟁을 치르고** 있는 중이기 때문일지 모른다.

바로 여기 바르샤바에서, 게토 장벽의 잔해와 호기로운 상업용 빌딩들 사이에서, 내가 강연을 계기로 만났던 젊은 반파시스트Antifa 학생들과 현 정부의 자유를 억압하는 법안들 사이에서, 나는 다른 곳과 마찬가지로 여기 또한 기억이 거대한 전쟁터라는 것을 느낀다. 이곳에서의 짧은 체류를 통해서는 그 내용과 규모 내지는 정확한 강도를 가늠하기는 어렵다. 그러나 나는, 내 주변에서 기억의 균열과 파열이 일어나고 있음을 분명히 느낀다. 현시점에서, 그리고 나의 방문과 관련된 대상만을 고려했을 때, 예를 들어 린겔블룸 아카이브와 폴린Polin(아주 최근에 〔건립된〕 방대한 규모의 폴란드 유대인 역사박물관으로, 1948년에는 그저 폐허의

들판이었던 게토 지역에 세워진, 영웅적이며 육중한 옛 기념비의 맞은편에 위치한다)을 대립시키고 있는 구조적 균열이 뚜렷이 보인다.[26] 린겔블룸 아카이브는 나치의 시나고그 폭파로 생긴 상흔을 보존하고 있는 〔입구의〕 바닥을 통해 방문객을 맞이한다. 폴린 박물관은 유희적이고 포스트모던한 여정처럼 방문객을 맞이한다. 아카이브는, 비록 종잇조각들을 통해 읽히기를, 또는 시각 자료들을 통해 끈기 있게 조사되기를 기다리는 수천 개의 증언들의 외침을 감추고 있지만 조용하다. 박물관은 너무 오랫동안 침묵하다가 갑자기 말문이 트인 사람처럼 수다스럽다. 수천 개의 고정된 또는 움직이는 시청각 이미지들이 수천 개의 텍스트들과 겹쳐, 결국 모든 것이 뒤죽박죽되어 거의 읽을 수도 볼 수도 없는 지경에 이른다. 아카이브는 비판적 작업의 장소이고, 그에 반해 이 박물관은 '참여적' 오락의 장소이다.● 아카

● 여기서 '참여적 오락'이라고 옮긴 원문의 'distraction participante'는 이 박물관에 대한 저자의 비판적 관점을 역설적으로 표현한다. 보통 distraction은 '부주의' '방심' '기분전환' '오락' 등을 의미한다. 대상과의 분리된 거리와 분석적 집중력을 요구하는 '비판적 장소'인 아카이브에서와 달리, 말 그대로 긴장을 풀고 즐기기 위해 자신을 놓는 상태나 그런 상태에

이브는 게토 자체의 지하에서 나온, 주로 종잇장과 같이 볼거리라곤 거의 없는 대상을 보존한다. 반면 이 박물관은 아크릴 유리로 된 18세기의 안락의자, 가짜 도서관, 벽면형 비디오 모니터, 그리고 심지어 바르샤바 거리를 재현해놓은 모형에 이르기까지 수많은 인공물들을 전시한다. 우리는 박물관에서 즐거운 시간을 보내고 나서, 모든 것이 너무나 중첩되어 있는 대부분의 이미지와 텍스트는 금세 잊어버릴 것이다. 반면, 아카이브에서는 그저 시간을 들여야 한다. 잊지 않기 위한 시간을. 역사적 시간에 대한 우리의 사유를 끊임없이 구축하고 재구축할 시간을.

서 이루어지는 어떤 행위를 가리킨다. 이는 더 많은 방문객을 유치하기 위한 일환으로 최근 여러 박물관이 주력하고 있는 일련의 '참여형' 프로그램 경향과 맥을 같이한다.

1　E. Ringelblum, *Journal du ghetto de Varsovie*, pp. 38, 93.

2　같은 책, p. 297.

3　같은 책, p. 313.

4　같은 책, p. 370.

5　같은 책, p. 402.

6　같은 책, p. 404.

7　같은 책, p. 133.

8　같은 책, p. 210.

9　같은 책, pp. 200, 263, 346~47.

10　같은 책, pp. 246, 279, 281.

11　같은 책, p. 242.

12　같은 책, pp. 388~91.

13　같은 책, pp. 311~13.

14　R. Hilberg, *La Destruction des Juifs d'Europe*(1985), trad. M.-F. de Paloméra et A. Charpentier, Paris: Fayard, 1988 (rééd. Paris: Gallimard, 1991), I, pp. 189~90. I. Trunk, *Judenrat. The Jewish Councils in Eastern Europe under Nazi Occupation*, New York-London: Collier-MacMillan, 1972 를 참고할 것.

15　H. Arendt, *Eichmann à Jérusalem. Rapport sur la banalité du mal*(1963~1964), trad. A. Guérin, revue par M.-I. Brudny-de Launay et M. Leibovici, Paris: Gallimard, 2002, p. 1375(부록).

16　같은 책, pp. 1106~107, 1132~33.

17　E. Ringelblum, *Journal du ghetto de Varsovie*, pp. 331~32,

339.

18 같은 책, p. 75.

19 같은 책, pp. 139~40.

20 같은 책, pp. 266~67.

21 G. Scholem, *Sur Jonas, la lamentation et le judaïsme*, pp. 59~60.

22 S. D. Kassow, *Qui écrira notre histoire?*, p. 526에서 인용.

23 E. Ringelblum, *Journal du ghetto de Varsovie*, p. 365.

24 R. Sakowska, "Introduction," *Archives Ringelblum. Archives clandestines du ghetto de Varsovie, I. Lettres sur l'anéantissement des Juifs de Pologne*, p. 43.

25 E. Traverso, *L'Histoire comme champ de bataille. Interpréter les violences au XXe siècle*, Paris: La Découverte, 2011.

26 M. Sołtys et K. Jaszczyński(dir.), *1947: The Colors of Ruins. The Reconstruction of Warsaw and Poland in the Photographs of Henry N. Cobb*, Varsovie: Dom Spotkań z Historia, 2012(éd. 2013), p. 75를 참고할 것.

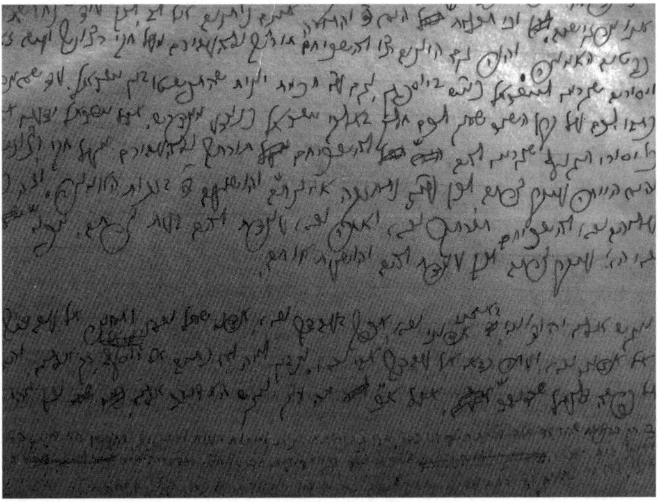

흩어진 전통의 비의秘儀들. 어느 날, 누군가 이
전통에 들어본 적 없는 전환을 가져온다. 그것은
분명, 당시 위험 자체가 들어본 적 없는 방식으로
군림하고 있었기 때문이리라. 배반에 대해 말하고
싶어 하는 자들은 지금 막 시간의 새로운 진실이
형성되었다는 것을, 지금 막 그 숨겨진 장소, 그
작은 상자arca의 비밀스러움으로부터 전통 자체가
다시 태어났다는 것을 보지 못한다. 그 안에

쌓인 초라한 종이들은, 그럼에도 마치 새로운
사해 사본*처럼, 우리의 가장 신성한 문서가 될
수 있으리라. 그리고 이 작은 상자는, 곰팡이로
뒤덮인 녹슨 양철에 불과할지라도, 새로운 계약의
궤**와 같은 것이 될 것이다. 젖은 종이에서
거두어진 눈물로, 역사 그 자체, 유대 민족의
역사와 다시 맺어진 계약 말이다.

만약 나치가 에마누엘 린겔블룸의 신원을 더 잘

---

* '사해 문서' '사해 두루마리' 등으로도 불리며 사해 지역 유다 광야에서 발견된, 성경을 포함한 다양한 종교적 문서를 통칭한다. BC 2세기부터 AD 1세기까지 필사된 이 사본은 현존하는 성경 사본 가운데 가장 오래된 것이다. 구약성경의 정전이 확정되기 이전의 본문을 반영하고 있어, 성경의 전승과 본문 형성의 역사를 규명하는 데 매우 중요하다.

** 신과 유대 민족이 맺은 결속의 계약을 새긴 석판을 담는 신성한 상자. BC 6세기 바빌로니아의 침공 당시 유실된 것으로 전해진다. 시나이 산에서 신이 모세에게 신의 선민으로 거듭나기 위해 지켜야 하는 구체적 계율인 십계명이 새겨진 석판을 주고, 그 석판을 담을 상자의 제작을 지시했는데, 그 상자가 바로 계약의 궤이다. 따라서 계약의 궤는 신에 의한 해방과 신의 선민으로 거듭났음을 증거하는 유물이라고 할 수 있다. 유대인들은 계약의 궤를 신의 현존을 증거하는 영적인 궤로 신성시했다.

확인했더라면 ─ 그러나 나치는 그가 얼마나 큰 적인지
알지 못한 채, 1944년 3월 그를 고문한 후 살해했다 ─
나치는 그에게서 두려움을 느낄 정도로 증오했던 극단
적인 인물, 즉 '유대-볼셰비키 지식인'의 모습을 알아보
았을 것이다. 당대 폭군들에게, 지식인이자 유대인이며
마르크스주의자였던 그보다 더 위험한 존재가 어디 있
었겠는가? 하지만 동시에, 그러한 자기 자신을 유지하
고, 변증법적으로 발전시키는 것보다 더 어려운 일이
또 무엇이 있었겠는가? 마르크스주의 역사가인 에마누
엘 린겔블룸은 물론 믿음과 관련된 현상들을 신중하게
관찰했다. 그는 공포가 강력하게 지배하는 상황에서는
신뢰에 대한 욕구와 맹신의 과정이 불가피하다는 것
을 잘 알고 있었다. 그는 "무슨 소식이 있나 생각만 해
도 병이 날 지경이다"라고, 1940년 4월 『일기』에 썼다.
"도시 분위기는 끔찍하다. […] 주민들의 불안은 이루
말할 수 없을 정도다. 사람들은 완전히 이성을 잃은 것
같다."[1]

　린겔블룸이 사회학적 정확성을 기한 만큼이나 심
적 허탈감을 갖고서 관찰한바, 게토의 주민들은 공포에
서 맹신에 이르기까지 온갖 종류의 믿음과 미신을 여

과 없이 표출했다. 상상력의 제약이 해제되면 될수록, (어떤 위로도 주지 못하는) 정치적 냉철함은 결여된다. 1940년 3월, "판스카 거리에, 〔적어도〕 전해지는 소문에 따르면, 태어나자마자 곧바로 말을 하기 시작한 아이가 있었다고 한다. 이 아이는 로슈 하샤나Roch Hachanah〔유대인의 새해, 즉 오는 9월〕에 유대인에게 구원이 도래할 것이라고 말하고 그 즉시 죽었다는 것이다."[2] 독일군이 사용한 다이너마이트가 타르노프Tarnów의 오래된 시나고그 벽에 구멍만 뚫고 완전히 무너뜨리지는 못하자, "유대인들은 거기에서 신성한 힘의 발현을 발견했다."[3]

소문은 게토 곳곳에 끝없이 퍼져 나간다. 이러한 분위기는 ─ 당연하게도 ─ 편집증적이다. 1940년 12월, "미래와 승리에 대한 수많은 예언들이 떠돌았다." 1941년 5월에는 헤르만 괴링*이 죽었다는 "소문이 들불처럼

---

* Hermann Goering(1893~1946): 나치 독일의 정치인이자 군사 지도자로서 제2차 세계대전 동안 독일군의 주요 작전을 지휘했다. 게슈타포 창설에도 관여했으며 히틀러의 2인자로 나치당에서 막강한 권력을 행사했다. 전후 뉘른베르크 재판에서 전범으로 기소되어 사형 선고를 받았지만 사형 집행 전에 자살했다.

번졌다.” “이를 계기로 게토에서 사람들은 게트룽켄 레하임getrunken lekhayim,[•] 즉 축배를 들기 시작했다. 〔…〕 꿈속에서 사람들은 게토의 장벽이 허물어지는 것을 상상했다.”⁴ 1941년 9월, 린겔블룸은 다시 다음과 같이 적었다. “나는 많은 사람들에게서, 가까운 미래에 일어날 일을 예언했다는 여자에 관한 이야기를 들었다. 〔…〕 이 여자는 올해 11월에 전쟁이 끝날 거라고 장담했다고 한다.”⁵ 1942년 5월에는, “매우 투명한 예지력을 지닌 M 부인이 〔…〕 6월의 바르샤바에는 더 이상 장벽이 남아 있지 않을 거라고 예언했다.”⁶ (여기서 유념할 것은, 이 말이 여러 방식으로 해석될 수 있다는 것이다. 모두가 해방된다는 것인가? 아니면 모두가 파괴된다는 것인가?)

그러나 이 모든 것에도 불구하고, 유대인 역사가 에마누엘 린겔블룸은 재난의 아키비스트라는 자신의 소명이 그의 민족뿐 아니라 전 세계 모든 민족의 역사

• ‘게트룽켄 레하임’은 독일어와 히브리어를 결합한 축배사다. ‘게트룽켄getrunken’은 독일어 ‘trinken’(마시다)의 과거분사형이며, ‘레하임 lekhayim’은 이디시어 מ״ייל의 알파벳 표기로 ‘삶을 위하여’ ‘삶에게’를 뜻하는 이디시 문화의 전통적인 건배사이다.

에 신성한 무엇인가를 제시하는 데 있음을 분명히 자각했다. 오이네그 샤베스 그룹이 수집한 증언들을 통해 인류는 언젠가 새로운「욥기」혹은 새로운「애가서」를 다시 쓸 수 있을 것이다. 린겔블룸이 1942년 1월에 게토 거리에서 카를 카우츠키Karl Kautsky, 슈테판 츠바이크Stefan Zweig, 리온 포이히트방거Lion Feuchtwanger, 카를 마르크스, 레닌 등의 금서들을 아직 발견할 수 있다는 사실에 기뻐하면서도, 다른 한편으로는 일부 유대인들이 탈무드 책들을 팔아치우고 있다는 사실에 분개했다는 점은 의미심장하다. 이에 대해 린겔블룸은 다음과 같이 썼다. "또한 최근에는 이전엔 결코 볼 수 없었던 탈무드 책의 판매가 눈에 띈다. 이 책은 대대로 경건하게 상속되어온 귀중한 유산이었다. 그것이 바구니에 담겨 헐값에 팔리고 있다는 것은 진정한 키룰–하셈 khiloul-hashem•[신성 모독]이며 우리가 얼마나 타락했는지 보여주는 지표이다."[7]

• 앞 장에서 언급된 신의 영광을 드러내는 숭고한 행위를 뜻하는 '키두쉬 하셈'과는 정반대로, 유대교에서 하느님의 이름을 더럽히는 행위를 지칭한다.

동일한 상황의 한가운데서 흩어진 가치들. 한편에서는 린겔블룸이 말하고자 했듯이 도덕적 '타락'—정신을 혼란스럽게 하고 윤리적 가치를 저버리게 하는 공포의 광란—이 존재하고, 다른 한편에서는 전통이 유지되고 있다. 그것은 가장 미세하고, 가장 범속하며, 가장 비참한 몸짓에 생기를 불어넣는다. 1941년 4월 걸인이 돈 몇 푼을 구걸하기 위해 "시편 구절을 큰 소리로 암송"할 때처럼, 또는 전통적인 히브리 애가의 토대가 되는 질문인 에이카, 즉 '어떻게'라는 질문이 다시 나타나 그 당시 유행했던 농담 속에까지 둥지를 틀었을 때처럼 말이다.[8] 애가 이야기가 나왔으니 말인데, 바르샤바 유대인역사연구소를 방문했을 때, 나는 매우 아름답지만 나로선 읽을 수 없는 글자들, 정확히 말하자면 두 개의 서체로 쓰인 글자들로 빼곡한 종이 한 장 앞에서 얼어붙은 듯 멈춰 서 있었다. 나는 그것을 사진으로 남겼다. 안나 둔치크-슐츠는 그것이, 새뮤얼 카소가 그의 책 『누가 우리의 역사를 쓸 것인가?』[9]에서 특별히 언급했던 한 레베의 설교문이라고 설명해주었다.

그 레베의 이름은 칼로니무스 샤피로Kalonymous Shapiro(Szapiro)였다. 바르샤바에서 남쪽으로 몇 킬로미

터 떨어진 피아세치노Piaseczno라는 도시의 레베 또는
랍비였던 그는 게토에 온 뒤 매주 설교를 했는데, 이때
그는 구체적인 상황에 논리적으로 성경의 정신을 부여
하고자 했다. 그러니까 그는 나치의 박해의 역사를 성
경의 대재앙의 ─ 비역사적인 ─ 관점에 위치시키려고
노력했다. 처음에는, 내가 찍은 사진 속 종이의 두번째
글씨체가 다른 사람에 의해 쓰인 것이라고 생각했지만,
1년의 간격을 두고 샤피로 자신이 쓴 것임을 알게 되었
다. 1941년에 그는 유대 민족에게 일어나는 일은 **늘** 일
어났었던 일이라고 썼다. 1942년, 그러니까 '대규모 이
송'이 시작된 이후에 그는, 정반대로 유대 민족에게 일
어나는 일은 **결코** 일어난 적이 없었던 일이라고 쓰게
된다. 상반된 이 두 주장 사이에서 그는, 하시디즘 전통
의 극단적 인물들, 특히 코츠크의 메나헴 멘델을 강력
하게 연상시키는 비극적인 동요 속에 놓여 있다. 이들
의 분노는 신을 인간의 법정에 출두시켜야 한다고 요
구할 정도에 이르렀다.

　오이네그 샤베스 그룹의 활동가와 마르크스주의자
들 가운데, 시몬 후베르반드Shimon(Szymon) Huberband라
는 이름의 랍비가 포함되어 있었다는 것을 기억할 필

요가 있다. 메나헴 멘델 콘은 매우 감탄하는 어조로, 무신론자와 대부분의 '좌파' 일반에 대한 후베르반드의 관용을 강조하기도 했다.[10] 후베르반드는 종교 생활, 특히 시나고그 파괴와 묘지 훼손에 대한 기록물 수집을 전문적으로 다뤘지만, 일반적인 물질문화, 게토의 민속, 강제노동수용소 생활 등에 대한 기록물 수집에도 힘썼다.[11] 새뮤얼 카소는 그의 글에 대해 다음과 같이 지적하기도 했다. "후베르반드의 글은 종종 냉철하고 논쟁적이었다. 그는 성인전을 쓰는 작가가 아니라 린겔블룸과 같은 역사학자가 되기를 원했고, 가차 없는 비판적 태도를 견지했다. 그는 구르의 하시딤hassidim*을 자기중심적인 술고래로 취급했고, 무신론 분트주의자들을 용감한 순교자로 묘사했다."[12] 나는 방금 유대인역사연구소에서 찍은 사진들 가운데 1941년에 작성된 문서 하나를 발견했는데, 거기서 랍비 후베르반드는 이렇게 외치고 있었다. "나는 고발한다! 나는 응징을 요구한다!"

린겔블룸 자신도 나치 박해의 극적 상황들 속에서

---

* 하시디즘 신봉자들을 지칭한다.

종교인의 행동을 매우 주의 깊게 관찰했다. 예를 들어, 1942년 5월 8일에 그는 이런 이야기를 기록했다. "사람들이 하는 다음 이야기는 폴란드 유대인들이 사회적 정의나 체다카tsedaka〔자선〕와 어떤 관계를 맺고 있는지 아이디어를 제공할 수 있는 매우 특징적인 사례에 해당한다. 2년 전, 라진Radzyń의 레베는 루블린에 있는 그의 하시딤〔제자〕들에게 그들의 가구를 팔아 자선사업에 기부할 것을 권고하는 편지를 썼다. 그는 당시 경기가 좋지 않아 그의 제자들 역시 돈이 없다는 것을 잘 알고 있었기에 그들에게 가구를 팔라고 요청했던 것이다. 하지만 제자들은 레베의 명령을 따르지 않고 그들의 가구를 보관했다. 독일군들이 루블린에 쳐들어왔을 때, 그들은 유대인 아파트에 있는 거의 모든 가구를 압수당했다. 이후 레베는 제자들에게 모피를 팔아 자선사업에 기부할 것을 촉구하는 편지를 썼다. 다시 한번 제자들은 그에게 순종하지 않았고, 독일군들이 들이닥쳐 모든 모피를 빼앗아갔다. 그 후 레베는 제자들에게 안식일 의복을 팔아서 돈을 모아 가장 가난한 사람들에게 기부하라고 편지를 썼다. 이번에도 제자들은 따르지 않았고, 유대인들은 루블린에서 쫓겨났다."[13]

나는 이 이야기가 — 문학적 관점에서 — 하시디즘 우화의 완벽한 전형을 이루고 있지만, 그럼에도 참혹한, 있는 그대로의 잘 알려진 역사적 요소에 기초하고 있다는 사실에 충격을 받았다. 그러니까 이 이야기는 일종의 기이한 **다큐멘터리적 설화**와 같다. 1942년 12월 14일, 린겔블룸은 게토의 상황에 대한 역사적, 정치적 세부사항들을 설명하는 가운데, 로이테 이델레흐royte Yidelekh, 즉 '붉은 유대인들' — 어떤 면에서는 바로 오이네그 샤베스 단원들이었다고 말할 수 있는 — 이라는 주제를 중심으로 한 민담들에 대해 언급했다. 이 붉은 유대인들은 아시리아에 의해 멸망하기 전 이스라엘 왕국에서 사라진 열 지파*의 후손들로 추정되며, 종말의 시간에 되돌아올 것이라고 믿어졌다.[14] 가장 유구한

---

* '사라진 열 지파Dix Tribus perdues'란 고대 이스라엘 왕국이 기원전 8세기경 신아시리아 제국에 의해 멸망하면서 추방되었다고 전해지는 10개의 부족을 가리킨다. 유대교 전통과 민속 신화에서 이들은 '잃어버린 민족'으로 기억되며, 언젠가 메시아가 도래할 때 다시 돌아올 것이라는 종말론적 믿음의 대상이 되었다. 19세기 말에서 20세기 초반 사이에 동유럽 유대인 사회에서는 간혹 전통에 반하는 급진적 혁명가나 사회주의 성향의 유대인을 풍자하거나 상징적으로 가리킬 때 '붉은 유대인' 혹은 '사라진 열 지파'라는 표현을 사용하기도 했다.

전통적 모티프와 가장 예민한 정치사적 사건 사이에서 형성된 이 모든 복합적 구성은 오이네그 샤베스의 사업을 유대인들의 '기억'과 '역사' 사이의 모든 대립을 초월하는 차원에 위치시키는 데 기여한다. 이는 요세프 하임 예루샬미Yosef Hayim Yerushalmi가 『자코르』에서, 예를 들어 "유대인이 겪은 시련들 속에서 과거의 기억은 항상 필수적이었음에도, 왜 역사가들은 그 첫번째 수탁자受託者가 된 적이 없었는가?"[15]라는 근본적인 질문을 던졌을 때 명확히 설정했던 대립이기도 하다.

에마누엘 린겔블룸은 이렇게 기억과 역사가 서로 얽혀 있는 그 내밀한 직조의 형태를 되살리는 어려운 작업을 결국 해낼 수 있었다. 이를 위해 그는 전통의 '인내를 요하는' 기억 ─ 성경에 대한 그의 끝없는 주해와 제의적 몸짓의 끊임없는 반복 ─ 과 정치의 '긴박한' 역사, 즉 모두에게 매 순간 가장 큰 위험으로 나타났고, 그리하여 즉각적이고 전례 없는 입장 취하기를 요구했던 게토의 상황에 동시에 관여해야 했다. 바로 이러한 절대적 긴박함 속에서, 그는 전적으로 자신만의 방식으로 역사와 기억을 다시 엮어내는 ─ 쥘 미슐레나 야코프 부르크하르트Jacob Burckhardt, 아비 바르부르크나 발터 벤야민과 같은 가장 위대한 이들에게서만 발견되는—근본적인 미덕을 재발견했을 것이다.

생각해보면, 오이네그 샤베스는 린겔블룸 프로젝트의 이러한 변증법적 본질을 ['안식일의 기쁨'을 의미하는] 이름 그 자체에 이미 새겨놓았다. 매주 토요일에 함께 모여 [그간] 축적하고, 수집하고, 필사하고, 재분류한 문서들을 은밀하게 검토할 때 '안식일의 기쁨'에 대해 말한다는 것은, 전통에 대한 아이러니인 동시에 일종의 전통의 수행과 같은 것이 아니었을까? 전통은 안식일 기간 동안 일하는 것을 금지하지만, **공부**는 장려되며 결과적으로 **독서**도 장려된다. 오이네그 샤베스의 동료들 사이에도 공부와 독서가 있지 않았겠는가? 분명 그러했을 것이다. 그러나 이 그룹의 구성원들에게는 솔로몬 왕의 이야기를 함께 다시 읽고 토론할 시간이나 '기쁨'은 분명 허락되지 않았다. 대신 그들은, 그들 자신도 직접적인 죽음의 위협을 받고 있는 상황에서, 게토에서의 생존에 대한 끔찍하고 일상적인 사실들을 교환하고 기록했다. 그들의 모든 '안식일의 기쁨'은 오히려 현재의 재앙에 대한 **글쓰기**라는 막중한 과제와 위급한 필요성에 집중되었다. 그리고 이 글쓰기는 곧 **노**

동, 강도 높고 위로조차 받지 못하는 아카이브의 노동이었다.

에마누엘 린겔블룸은 그의 생애 말기 마지막 은신처에서 집필한 『제2차 세계대전 중 유대인과 폴란드인의 관계』라는 제목의 연구서 서문에서 스스로를 **역사가**이자 기록에 기초한 유물론적 학문의 실천가로 규정했다. 뿐만 아니라 그는 자신을 일종의 **필경사**筆耕士,• 하지만 전통이 원하는 토라Torah의 필경사가 아니라, 인간들의 현재 현실을 기록하는 필경사로 규정했다. "소페르sofer — 〔유대교의〕 필경사 — 가 토라를 필사하기 시작할 때, 그는 종교법에 따라 모든 더러움과 불순물을 씻어내고 자신을 정화하기 위해 의식적인 목욕재계를 해야 한다. 필경사는 떨리는 마음으로 펜을 잡는다. 왜냐하면 필사의 아주 사소한 실수일지라도 전체 작업을 파괴할 수 있기 때문이다. 나는 이러한 두려움의 감정 속에서 위에서 언급한 제목의 작업에 착수했다."[16] 그러나 그것이 가축 수송 열차에서 던져진 편지들을

• 여기서 '필경사'로 옮긴 원문의 'scribe'라는 단어는 유대교의 '율법학자'라는 의미도 갖고 있다.

수집하거나 게토 거리의 기아 상태를 묘사하는 것이었
을 때, 이 필경사의 활동은 과연 어떤 것이었을까?

린겔블룸은 그 시대 유대인들의 전례 없는 상황
이, 그 자체로 전례 없는 글쓰기와 같은 무엇을 요구한
다는 것을 이해했다. 그것은 물질적 상황과 실존적 조
건들 사이에, 사실의 무리와 감정의 구름 사이에 다리
를 놓을 수 있는 글쓰기를 말했다. 문학적 측면에서 이
러한 글쓰기는 손가락을 튕기며 딱 소리를 내듯 결정
되는 것이 아니다. 그것은 오이네그 샤베스의 가장 이
질적인 텍스트들—결국 스타일들—의 수집 속에서
실행되었던 몽타주로부터만 도출될 수 있는 것이다.
린겔블룸에게 있어 아브라함 레빈Abraham Lewin의 『일
기』[17]나 브와디스와프 슐렌겔Władysław Szlengel의 '기록-
시documents-poèmes'가 결정적인 순간들, 즉 훗날 기억과
역사, 탄식과 봉기의 **항로 표지**가 될 운명의 순간들로
나타났던 **스타일의 가능성**은, 바로 이러한 통계에서 외
침으로의 이행, 전위轉位의 서정성을 통해 관찰된 사실
들과 농담의 공존 속에서 부상한다.

1943년 1월 『내가 죽은 자에게서 읽은 것』이라는
제목의 책 서문에서 슐렌겔은 죽은 자와 죽어가는 자

들을 위한 목소리가 되고자 했던 자신의 결의를 다음
과 같이 썼다. "나는 배가 침몰하여 공기가 천천히 고
갈되어갈 때의, 그런 질식할 듯한 느낌을 온몸으로 느
낀다. 내가 이 배 안에 있는 이유는 영웅주의와는 아무
런 상관이 없다. 나는 내 의지에 반하여, 아무런 이유도
죄의식도 없이 여기에 있다. 아무튼 나는 이 배 안에
있다. 나는 선장이 아니지만, 그럼에도 바닥으로 침몰
하는 사람들의 연대기를 작성하는 것이 나의 의무라고
생각한다. 나는 단지 통계만 남기고 싶지 않다. 내 시와
스케치와 글로 나는 미래에 쓰일 역사 기록을 풍부하
게 만들고 싶다(이것이 부적당한 단어라는 건 잘 알고 있
다). 나는 잠수함 내벽에 나의 기록-시들을 휘갈겨 쓴
다. 서기 1943년의 시인인 나는 나의 동료들에게 나의
낙서를 읽어준다."[18] 이 '낙서'와 '기록-시'는, 유명하거
나 익명인 수많은 다른 기록들과 함께 이 역사의 신성
한 문서가 될 운명이었다. 비록 그것들이 반쯤은 썩은
우유통 속에서 빼곡히 뭉쳐진 상태로 있었을지라도.

1   E. Ringelblum, *Journal du ghetto de Varsovie*, pp. 104, 275.

2   같은 책, p. 92.

3   같은 책, p. 162.

4   같은 책, pp. 183, 244.

5   같은 책, p. 272.

6   같은 책, p. 323.

7   같은 책, p. 312.

8   같은 책, pp. 221, 304.

9   S. D. Kassow, *Qui écrira notre histoire?*, pp. 443~44.

10   같은 책, p. 246.

11   같은 책, p. 247.

12   같은 책, p. 248.

13   E. Ringelblum, *Journal du ghetto de Varsovie*, p. 325.

14   같은 책, p. 395.

15   Y. H. Yerushalmi, *Zakhor. Histoire juive et mémoire juive* (1982), trad. É. Vigne, Paris: La Découverte, 1984(rééd. Paris: Gallimard, 2008), p. 12.

16   S. D. Kassow, *Qui écrira notre histoire?*, p. 539에서 인용.

17   A. Lewin, *Journal du ghetto de Varsovie. Une coupe de larmes*(1940-1943), trad. D. Dill, Paris: Plon, 1990.

18   S. D. Kassow, *Qui écrira notre histoire?*, p. 451에서 인용.

우리들 이야기(역사)의 **흩어진** 탄생들. 파괴는
모든 것을 흩어지게 한다. 사물, 몸, 영혼, 공간,
시간과 같은 것들을. 모든 것이 깨지고, 쪼개지고,
부서진다. 처음엔 그저 잔해만을 보게 될 것이다.
모든 것이 찢어진다. 모든 것이 흩어진 조각들로
표류하며 떠돈다. 더는 그 무엇도 하나가 아니다.
그런데 이 무수한 파편들로부터 무언가 탄생할
수 있다. 하나의 욕망이 새롭게 싹트기만 한다면,

하나의 목소리가 터져 나오기만 한다면, 하나의
신호가 미래의 세상을 향해 던져지기만 한다면,
하나의 글쓰기가 이어지기만 한다면.

왜 그랬는지 잘 모르겠지만, 나는 이 종이 한쪽을
카메라 렌즈에 담았다. 그것은 우편엽서의 한 부분이
다. 물론 나는 그 위에 적힌 내용을 정확히 해독할 수
없었지만, 철자나 휘갈겨 쓴 필체만으로도 다급한 상황
에 처해 있었다는 것을 충분히 짐작할 수 있었다. 지금
나는 『린겔블룸 아카이브』의 제1권에 수록된 이 메시
지의 사본을 다시 찾아낸다. 라자Laja라고 하는, 신원을
알 수 없는 한 여성이 1942년 12월 16일, 바르샤바-프
라하역에서 아우슈비츠로 향하는 열차에서 던진 메시
지이다.[1] 그녀는 이렇게 썼다. "부디 우체통에 넣어주세
요. 추가 요금 18그로시 ── 〔수신인〕 L. 프시고다, 바르
샤바, 밀라가街 46번지 ── 12월 16일 수요일 ── 프라하
에서 정차 중에 당신에게 몇 자 적습니다. 우리가 어디
로 가는지 모르겠어요. 건강 잘 챙기세요. 라자."[2]
　우리는 라자가 누구였는지 여전히 알지 못한다.

단지 그녀가 사라졌다는 사실만을 알 뿐이다. 그녀는 아우슈비츠-비르케나우의 한 화장터에서 재와 연기가 되어 사라졌다. 1943년 4월과 5월, 바르샤바의 게토 역시 전부 사라졌다. 독일군에 의해 완전히 파괴되고 불태워져, 잔해와 재로 가득한 벌판으로 변해버렸다. 그리고 1945년 1월, 붉은군대가 진격해 오자, 나치는 흔적을 지울 목적으로 비르케나우의 가스실을 폭파했다. 요컨대 이 역사 속에서 모든 것이 사라진 듯 보였다. 수백만의 사람들과 함께, 벽돌, 돌, 콘크리트로 지어졌던 그들의 삶의 장소와 그들의 죽음의 장소마저도. 그럼에도 이토록 연약한 것이 남은 것이다. 여전히 읽을 수 있는 이 작은 종잇조각, 그것은 우리에게 라자의 호소를 계속해서 전달할 것이다.

그러니까 이것이 바로, 오이네그 샤베스의 광적이며 현명한 목표였다. 가능한 한 많은 부스러기, 아직 가시적인 잔해들, 파괴로부터 나온 파편들을 재빨리 포착해 한데 묶고 숨기고 거두어 아카이브를 만드는 것. 파괴의 흩어짐을 진실의 모음으로 변형시키는 결정적인 작업. 시와 성서의 인용구로 새겨진 듯한 아름다운 편지 하나가 이 모든 것을 다음과 같은 말로 요약하고 있다. "나는 천 개의 입으로 이야기할 수 있습니다." 이것은 젤리크 카우마노비치에 의해 작성되어 1942년 3월 23일 빌노 게토에서 바르샤바로 보내진 편지에 쓰인 구절로, **입을 열어 말하고자 하는 억누를 수 없는 욕망을** 드러낸다. "상상해보세요, 나는 이야기할 것이 **가득 차서 폭발해버릴 듯합니다. 모든 바다가 잉크이고 모든 나무가 펜이라면 좋겠다고** 말할 수 있을 정도예요. 〔…〕 하지만 내게는 단 하나의 입밖에 없고, 지금은 그 입마저 막혀버렸습니다. 우리는 희망을 가져야 합니다. 〔…〕 **생명을 주는 이가 입을 열 기회 또한 줄 것이라고** 스스로에게 말할 수 있는 날이 올 때까지."[3]

다른 편지들은 명시적인 혹은 암시적인 말들로, 생명을 부여받은 이들, 즉 미래 세대에 대한 염려를 담고 있었다. "어느 날 아이들이 집으로 돌아올 수 있을지도 모르지만, 우리는 더는 거기서 아이들을 맞이하지 못할 거예요. 당신이 〔…〕 우리에게 무슨 일이 일어났는지 그들에게 전해줘야만 해요"(1942년 1월 22일)… "무엇보다 아이를 잊지 마세요"(1942년 2월 22일)… 또 다른 편지는 글쓰기와 절규 사이에서 불안에 사로잡혀 "나는 정말이지 목청껏 외치고 싶다"고 썼다(1942년 1월

24일)… 또 다른 편지는 현재의 이 모든 불행이 언젠가는 이야깃거리가 될 것임을 희망하며, "더 나은 시절에 우리는 우리가 겪은 일들을 이야기하게 될 것이다"라고 스스로를 달래려 했다(1942년 2월 16일)… 또 다른 편지는 "나는 여전히 루블린의 어두운 지하실에 숨어 있다. 벌써 2주째 햇빛을 보지 못했다. 〔…〕 더는 쓸 힘도 없다"며 비탄에 잠겨 있었다(1942년 3월 29일)… 또 다른 편지는 "이제 우리에게 남은 것은 카디시kaddish• 뿐이다"라는 탄식으로 끝을 맺고 있다(1942년 1월 23일)…⁴

이 모든 문장들의 몽타주를 3만 5천여 쪽에 흩어져 있는, 각양각색의 고유한 글들로 이루어진 하나의 거대한 탄식으로 읽을 수 있다면, **그 탄식이 우리에게 하나의 이야기(역사)를 가르쳐주고 있다**고 말해야 할 것이

• '카디시'는 유대교의 대표적인 기도문 또는 찬가 중 하나로 '거룩함'이나 '신성함'을 뜻한다. 특히 장례식이나 추도식에서 고인을 애도하기 위해 낭송되거나 노래되는데, 그 주요 내용은 신의 이름이 거룩하게 되기를 바라는 찬양과 영광의 선언으로 구성되어 있다. 유대인 공동체에서는 가까운 가족을 잃은 유족이 일정 기간(보통 3~11개월) 매일 회당에서 이 기도를 드리는 전통이 있다.

며, 나아가 그 탄식의 존재 자체와 잔존이 하나의 강렬한 욕망을 증언하며 어떤 희망이 담긴 무엇인가를 우리에게 드러내고 있다고 말해야 할 것이다. 그것은 우선 그 자체로서의 글쓰기, 더 정확히 말하자면, 어찌 됐든 수많은 암초를 통과해, 가깝거나 먼 어느 날, 주의 깊은 독자를 찾을 수 있다는 가능성으로서의 글쓰기와 관련된 하나의 소망이다. 바다에 던져진 모든 병이 해안에 도달하는 것은 아니지만, 몇몇은 그렇다. 해변을 거니는 모든 사람이 조개와 해조류로 덮인 병을 발견하는 것은 아니지만, 몇몇은 그렇다. 많은 불의와 공포의 지배 속에서 익사하거나 재가 되어버린 많은 사람들이 있다. 글쓰기는 이 끊임없는 익사와 재가 되어버린 것에 대한 이야기이자 항의이다. 또 다른 무엇이 싹 틀 수 있게 하기 위한 글쓰기의 **탄생** 그 자체와 잔존. 눈물(쓸쓸한 액체라는 하찮은 것)과 종잇조각 위에 쓰인 글자(검은 잉크라는 하찮은 것)일 뿐인 그 모든 것.

따라서 이것은 일종의 씨앗이다. 글을 쓰는 일은 미래와 욕망을 담아 전하기 위해 기억하는 일에 다름 아니다. 이를테면 조르주 페렉Georges Perec은 『W 또는 유년의 기억』에서 다음과 같이 썼다. "나는 가스실 희생자들이 손톱으로 할퀸 자국이 남아 있는 소각로 벽면을 보여주는 사진과 빵 부스러기를 뭉쳐 만든 체스게임을 기억한다."[5] 이처럼 죽음의 기호와 놀이의 기호를 대비시켜 몽타주하는 것은 애도의 감정에 놀이의 감정을 연결하는 것이 아니었을까? **파괴하기**mettre en cendre에 **창조하기**mettre au monde를? 나아가 그것은 놀이 — 의심의 여지 없이 페렉의 글쓰기, 아니 글쓰기 일반이 그로부터 발생하는 사유하기의 놀이 — 그 자체가 하나의 윤리적 결단으로부터, 혹은 특정한 상황에서의 불가해한 용기로부터 생겨난다는 것을 암시적으로 가리키는 것은 아니었을까? 실제로 한 강제수용소의 수감자는 미래의 체스게임에 사용할 말들을 만들기 위해 어찌 되었든 생명 유지에 필수적이었던, 자신에게 배당된 몫의 빵을 어느 날은 포기해야만 했을 것이다.

　이런 관점에서 하나의 책을 쓴다는 것은, 모든 것이 재로 변했을 때 다시 놀이를 시작하는 행위 이상도 이하도 아닐 것이다. 그것은 자유가 박탈된 억압의 장소에서 빵 부스러기를 뭉쳐 만든 말들로 체스를 두길 원하는 또 다른 방식이다. 라틴어로 'Liber'는 자유로운 존재l'être-libre와 책을 만드는 행위le faire-livre를 동시에 의미한다. 그것은 **수피**, 즉 나무의 껍질에서 생명력이 넘치며 가장 부드러운 부분을 일컫는 단어이다.[6] 하지만 그것은 또한 언젠가 한 권의 책으로 결합될 인쇄지, 활자, 단어, 소재, 이야기, 사유와 같은 분산된 것들의 집합이라는 점에서, 흩어진 것을 뜻하는 단어이기도 하다. 알게 된다는 행위 자체는, 그것이 흩어진 것들 사이의 가능한 연결, 유사성, 친화성, 혹은 대립성을 발명해내서라도, 세계의 **흩어진** 본질을 받아들이는 일에 기초하고 있는 것은 아닐까? 'épars'(흩어진)의 어원은 라틴어 동사 'spargere'의 과거분사 'sparsum'으로, '여기저기에 던지다' '흩뿌리다' '분산하다'를 의미한다. 이 동사는 어떤 사물이나 사람에 액체를 뿌려 축성하는 제의적인 의미로도 사용된다.

하지만 **흩뿌려진**parsemé 것은 또한 **씨가 뿌려진**semé 것이기도 하다. 흩어짐은 그러므로 파종이다(그리스어로 'speirô'는 '나는 씨를 뿌린다'를, 'sperma'는 '씨앗'을 의미한다). 모든 것이 사방으로 분산되어 일단 사라졌다 하더라도, 그것은 씨앗을 품은 분산일 것이다. 노발리스Novalis의 『씨앗』("모든 것은 씨앗이다"…)에서부터 자크 데리다Jacques Derrida의 『산종』(…"발아와 산종의 어휘를 통해")에 이르기까지,[7] 글쓰기는 수집된 흩어짐, 씨 뿌려진 사라짐으로 이해될 수 있다. 그러므로 하나의 텍스트는 아키비스트처럼 작동하게 될 것이다. 그것은 흩어진 것을 다시 모으거나, 보다 정확히 말하자면 재조합 — 재조립 — 한다. "시적인 것, 그것은 수집하는 것이다"라고 했던 하이너 뮐러Heiner Müller의 말을 오늘날 알렉산더 클루게Alexander Kluge가 자신의 『감정의 연대기』 제2권에서 인용하고 있다.[8] 그렇다, 수집하라. 쉼 없이. 그러나 수선하지도, 다시 봉합하지도, 어루만지지도 말고, 균열이 드러나도록. 몽타주 속에서, 텍스트와 이미지의 경계에서, 각각의 파편이 그 고유성과 그 동반자적 고독 속에 남을 수 있게 여유를 두고서.

그러므로 흩어진 것들, 그것은 또한 뿌려진 씨앗들이다. 1943년 3월, 아브롬 수츠케버Avrom Sutzkever는 빌노 게토에서 「밀알들」이라는 제목의 시를 썼다. 1941년 여름부터 2만 1천 명의 유대인들이 학살당했고, 그 게토는 1943년 9월 완전히 파괴되었다.

어쩌면 이 말들도
오래도록 살아남아, 때가 오면

빛 속에서 일어나,
뜻밖에 꽃을 피울지도.

고대의 낟알이
이삭으로 변하듯이,
어쩌면 이 말들이 민중의 양식이 되고,
어쩌면 이 말들이 끝없는 길 위에 선
민중의 말이 될지도.⁹

아브롬 수츠케버가 말한 '고대의 낟알'은 19세기 고고학자들이 이집트 피라미드의 묘실에 장식된 항아리에서 발견한 밀알을 가리킨다. 전해지는 바에 따르면, 이 밀알은 발아 능력을 유지하고 있었다고 한다. 의미심장하게도 이 잔존의 이미지는 발터 벤야민에 의해 1936년 '이야기꾼Erzähler'에 대한 문학적, 철학적 찬사를 위해 사용되었다. 벤야민은 소설가와는 달리 이야기꾼은 경험을 교환하고 그것을 타자에게 전달하는 능력을 지닌 사람이라고 설명한다.¹⁰ 헤로도토스를 "그리스 최초의 이야기꾼"이라고 말하면서, 벤야민은 아득한 옛날부터 전해져온 이야기가 "수천 년이 지난 지금까지도 여전히 우리를 놀라게 하고 생각하게 만들 수 있는"
힘을 상기시킨다. 그런 맥락에서 "그것은 오늘날까지
그 생명력을 간직한 채, 피라미드의 묘실에 수천 년 동
안 밀봉되어 보관되어 있었던 씨앗과도 같다."[11]

에마누엘 린겔블룸이 수집했던 시, 쪽지, 이야기,
연대기, 또는 증언 들은 다음과 같은 맥락으로 읽힐 수
있다. 생존 혹은 죽음의 이 조각들은 또한, 비록 타자를
위한 것일지라도, 삶의 씨앗이기도 하다고. 그것들은
벤야민이 말한 바와 같이, "죽어가는 자의 권위"로부터
말을 하며, 우리 각자에게 "정의(의로운 자)가 자기 자
신과 마주하는 형상"[12]을 선명하게 만들어낸다. 그런데
이제 우리는, 글자가 거의 지워진 이 종잇조각들로, 이
흩어진 말들로 무엇을 해야 할 것인가? 그것들을 불변
의 보물로 간직할 것이 아니라, 현재와 미래를 위한 씨
앗으로 삼아야 할 것이다.

시종 깨어 있던 감각과 발견의 사흘간의 여정을
마친 후, 바르샤바에서 돌아오는 비행기 안에서 나는
갑자기 가슴 한편을 짓누르는 무게를 느꼈다. 나는 새
뮤얼 카소의 책을 계속 읽으려 애썼다. 나 자신과 관련
된 '빛바랜 문서들'에 대해 그때까지 내가 알고 있던 것

보다 더 많은 것을 가르쳐준 유대인역사연구소의 젊은 계보학자의 모습이 다시 떠올랐다. 눈물이 났다. 나는 그때, 이 눈물을 반드시 순백의 종이 거울 위에 떨어뜨려 무언가를 쓰고 말겠다고 다짐했다. 탄식이 가르침이 되어, 우리를 일으켜 세울 수 있도록.

(2018년 10월 1일~11월 2일)

1   *Archiwum Ringelbluma. Konspiracyjne Archiwum Getta Warszawy, I. Listy o Zagładzie*, pp. 326~27(앞뒤 양면 복제 이미지 포함).

2   *Archives Ringelblum. Archives clandestines du ghetto de Varsovie, I. Lettres sur l'anéantissement des Juifs de Pologne*, p. 266.

3   같은 책, p. 127.

4   같은 책, pp. 49, 54, 76, 86, 111~12, 120.

5   G. Perec, *W ou le souvenir d'enfance*, Paris: Denoël, 1975 (rééd. Paris: Gallimard, 1993), p. 215.

6   G. Didi-Huberman, *Écorces*, Paris: Les Éditions de Minuit, 2011, p. 71.

7   Novalis, *Semences*, trad. O. Schefer, Paris: Éditions Allia, 2004, p. 161; J. Derrida, *La Dissémination*, Paris: Éditions du Seuil, 1972, p. 338.

8   A. Kluge, *Chronique des sentiments, II. Inquiétance du temps*, trad. dirigée par V. Pauval, Paris: P.O.L, 2018, p. 9.

9   S. D. Kassow, *Qui écrira notre histoire?*, p. 9에서 인용(번역은 일부 수정).

10   W. Benjamin, "Le conteur. Réflexions sur l'œuvre de Nicolas Leskov"(1936), trad. M. de Gandillac revue par P. Rusch, *Œuvres, II*, Paris: Gallimard, 2000, p. 115.

11   같은 책, p. 125.

12   같은 책, pp. 130, 151.

감사의 말

이 글은 2018년 10월 1일부터 3일까지 바르샤바 유대인역사연구소에서 보낸 사흘간의 체류를 마치고 돌아온 뒤에 쓴 것이다. 무엇보다도 이 글은, 2017년 봄, 린겔블룸 아카이브의 사진들이 존재한다는 사실을 처음 알려준 라파우 레반도프스키의 제안에 힘입은 바가 크다. 나를 초대하고 따뜻하게 환대해준 유대인역사연구소의 소장 파베우 시피에바크와, 내내 이 여정을 인도하며 내 모든 질문에 빠짐없이 대답해준 안나 둔치크-슐츠에게 깊이 감사드린다. 또한 아카이브 책임자 아그니에슈카 레슈카, 사진부서 책임자 야네크 야기엘스키, 교육부 책임자 아그니에슈카 카이치크, 그리고 계보 조사부서의 마탄 셰피Matan Shefi에게도 감사의 마음을 전한다. 마지막으로, 10월 2일 유대인역사연구소에서 발표한 강연을 친절하게 폴란드어로 번역해준 파베우 모시치츠키Paweł Mościcki에게도 감사드린다. 이 텍스트의 일부는 이후 2019년 4월 바르샤바 유대인역사연구소에서 라파우 레반도프스키와 안나 둔치크-슐츠의 기획으로 열린 전시 〈네거티브의 빛: 린겔블룸 아카이브와 예지 레프친스키 아카이브에서 온 이미지들〉의 도록에, 폴란드어와 영어로 번역되어 실렸다.

바르샤바 게토의 살아 있는 기억을 위한 글쓰기*

> "만약 내가 그와 같은 일종의 몽타주에 몰두하고 있다면, 그것은 무엇보다도, 사라질 위험에 노출된 것이 완전히 사라진 것은 아님을 암시하기 위해서이며, 또한 그 과정에서 살아남은 것이 과거의 전적인 복원보다 훨씬 더 우리의 미래와 관련된 것임을 암시하기 위해서이다."
> ─조르주 디디-위베르만, 『민중들의 이미지』(2012)

1. 들어가며

『흩어진 것들』**의 도입부에서 디디-위베르만은

● 이 글은 동일한 제목으로 『美學』지(제91권 3호)에 실렸던 옮긴이의 논문 일부를 동료 연구자 김창조의 도움을 받아 수정·보완하여 다시 쓴 것임을 밝힌다.

●● G. Didi-Huberman, *Éparses. Voyage dans les papiers du ghetto de Var-*

"그리하여 나는 이 유령과 같은 도시 바르샤바로, 마음이 온통 뒤흔들린 채로 **다시 돌아왔다**revenu"고 말한다 (p. 35). 같은 장에서 반복적으로 쓰이고 있는 이 'reve-nir'라는 동사의 의미를 고려할 때, 여기서 '다시 돌아왔다'라는 표현은 바르샤바로 표상되는 비극적 역사에 대한 아직 답해지지 않은 질문과 그로 인해 발생하고 요청되는 상상력의 자리로 되돌아오게 되었다는 의미로 읽힌다. 그렇게 그는 바르샤바를 방문해 제2차 세계대전 당시 에마누엘 린겔블룸과 그의 동료들이 비밀리에 수집한 아카이브와 마주한다. 그것은 죽음의 위험을 무릅쓰고 가까스로 붙잡아놓은 기록들, 그렇지 않았다면 산산이 부서져 사라지고 말았을 조각난 역사의 증거들이다.

디디-위베르만의 이미지 연구에서 아카이브는 그의 첫번째 저작 『히스테리의 발명』• 이후 '문제적 지표'

<hr>

sovie, Paris: Les Éditions de minuit, 2020.

• G. Didi-Huberman, *Invention de l'hystérie: Charcot et l'Iconographie photographique de la Salpêtrière*, Paris: Macula, 1982. 이 책에서 디디-위베르만은 19세기 말 매우 큰 영향력을 행사했던 신경의학자 샤르코 Jean-Martin Charcot의 주도하에 여성 히스테리 환자의 발작 증상을 찍

임과 동시에 '상상력의 장소'로서 반복적으로 호출되고 있다.● 여러 저서와 지면에 흩어져 있는 그의 입장을 살펴보면 서로 상충하는 두 종류의 아카이브가 존재한다. 먼저, 철저한 분류 체계와 담론적 권위를 중시하는 아카이브가 있다. 그것은 말하자면 "실증주의적이며 기능주의적인 분류법, 사회적 위계의 반영만을 지향하는 이성의 질서"●●에 속하는 아카이브이다. 디디-위베르만은 '기억의 포화'●●● 상태를 야기하기 쉬운 이러한 아카이브에 비판적 입장을 취한다. 다른 한편에는, 자유로운 상상력과 비선형적 운동에 의해 다시 선택되고 병치되며 이곳에서 저곳으로 이주하기를 멈추지 않는 아

은 사진 분석을 통해, 남성 의사의 권위적 시선으로 구축된 사진 아카이브가 어떻게 여성이라는 타자를 규범에 어긋난 일탈적, 비정상적 존재로 이미지화하는 기제 혹은 장치로 작동하게 되는지 분석하고 있다.

● A. Oberprantacher, "Archive," in M. Zolkos(ed.), *The Didi-Huberman Dictionary*, Edinburgh: Edinburgh University Press, 2023, pp. 15~17 참고.

●● G. Didi-Huberman, *Atlas ou le gai savoir inquiet*, Paris: Les Éditions de minuit, 2011, p. 168.

●●● G. Didi-Huberman, "Ce qui rend le temps lisible, c'est l'image," *Cinema* 1, 2010, p. 123.

카이브가 있다. 이러한 선택과 병치의 운동인 **몽타주**를 통해 그것은 직접적인 관찰로는 식별하기 어려운 이질적 요소들 사이, 보들레르가 말한 "사물들의 내밀하고 비밀스러운 관계, 그 대응과 유비"[*]를 새롭게 발견하게 한다. 동일성의 원리에 의한 아카이브의 다른 편에서 재구성한 이 **이질성의 아카이브**는 '대항적' 아카이브, '반反'-아카이브에 가깝다고 할 수 있다.[**] 2017년 바르샤바 유대인역사연구소를 방문한 후에 집필한 이 책에서 디디-위베르만은 그러한 대항적 아카이브가 단순한 착상을 넘어서 어떠한 역사적이고 실존적인 절박성 속에서 이루어지는 것인지를 보여준다. 그것은 바르샤바 게토의 특수성을 은폐하기 위해 구축되었던 거대한 나치의 아카이브뿐만 아니라, 전쟁 후 그 특수성을 유대인

---

[*] G. Didi-Huberman, *Atlas ou le gai savoir inquiet*, p. 13에서 재인용.

[**] 미셸 푸코, 『헤테로토피아』, 이상길 옮김, 문학과지성사, 2023, pp. 13~14 참고. 디디-위베르만의 비판적 입장은, 철저한 분류 체계를 추구하는 아카이브 자체를 연구 대상에서 완전히 배제하는 배타적 입장이 아니라, 아카이브를 동일성의 원리하에 가두려는 강박적 경향에 대한 거부로 이해해야 할 것이다. 그의 연구는 아카이브의 이질성과 동일성의 운동 모두를 정밀하게 관찰하고, 선택과 병치의 몽타주를 통해 '절단된' 아카이브로 '아틀라스'를 구성하는 방식으로 이루어진다고 말할 수 있다.

학살이라는 일반화된 주제로 포섭하는 상징적 이미지들로 구성된 아카이브에도 균열을 만들게 될, 이질성의 원리에 기초한 아카이브, 바로 린겔블룸 아카이브이다.

『흩어진 것들』에서 디디-위베르만은 린겔블룸 아카이브를 유대 민족의 억압과 해방이라는 서사의 단일한 축을 따라 배치되는 기념비적 아카이브로 읽어내는 독해를 거부한다. 그렇다고 정확한 사실관계를 증명하는 문서 위주의 실증적 아카이브로 읽어내며 이들의 역사를 복원하는 데 전념하는 것도 아니다. 오히려 그의 **에세이**essai는 '몽타주-테이블tables de montage' 위에 수평적으로 동등하게 펼쳐진, 조각나고 흩어진 아카이브로부터 이들의 균열, 불화, 열화까지도 동시에 읽어내려 **시도한다**essayer. 디디-위베르만은 이처럼 한 방향의 동질성을 향해 결집하지 않고, 예측할 수 없는 방향으로 복잡하게 굴절되며 흩어지는 고유의 글쓰기를 통해 린겔블룸 아카이브의 이질성, 차이, 틈을 발견해내고, 나아가 그 **분열적** 특성을 오히려 미래를 향한 정동이 분출될 수 있는 계기로 제시한다. 이때 정통 역사학에서 간과되었던 **감정**이 이미지와 역사의 '가독성'•을 위해 매우 중요한 요소일 뿐 아니라, 궁극적으로는 진

정한 의미의 공동체를 모색할 수 있는 계기로 다뤄진
다. 그가 소환하는 과거의 아카이브는 결국 그의 글쓰
기를 통해 미래와 공동체를 향한 하나의 구체적 실천
으로 이어진다고 말할 수 있다.

2. 저항 공간으로서 헤테로토피아-아카이브

오이네그 샤베스의 기억을 위한 실천

1939년 9월 21일, 나치 친위대 산하 보안경찰의 수
장이었던 라인하르트 하이드리히는 슈넬브리프Schnell-
brief라는 긴급문서를 독일군 점령지의 특수부대인 아
인자츠그루펜의 모든 지휘관들에게 발송한다. 이것은

● 디디-위베르만이 벤야민을 참조하여 "발견적이며 성좌적인 경로"라
고 표현하는 이 가독성 개념은, 이미지의 가시적 요소(도상)에 문화사적
으로 이미 정해진 상징적 의미를 종속시키는 도상해석학과는 달리, 오히
려 이미지에서 '내재적인 것'을, 다시 말해 몸, 욕망, 감정에서 불현듯 나
타나는 모든 '연상'과 '징후'를 읽어내는 것에 가깝다. G. Didi-Huberman,
"Image, Langage: the Other Dialectic," E. Woodard et al.(trans.), *An-
gelaki: Journal of the Theoretical Humanities* 23(4), 2018, pp. 23~24 참고.

독일군이 점령한 폴란드 지역에서 유대인을 어떻게 다루고 처리할지를 구체적으로 지시한 문서로, 당시 소도시나 농촌 마을에 거주하던 유대인들을 철도망이 연결된 대도시로 강제 이주시켜 더 큰 유대인 거주지와 합류시키는 것을 신속한 지침으로 명시했다.[•] 그렇게 1940년 10월, 바르샤바에 유럽 최대 규모의 게토가 설치되었고, 그해 11월 16일 유대인들은 총 길이가 17.7킬로미터에 이르는 벽으로 분리된 게토에 강제 이주되었다.

역사학자 에마누엘 린겔블룸은 폴란드가 독일군에 점령되고 유대인에 대한 탄압이 시작되자, 그들이 겪은 것들을 기록하는 일의 중요성을 직감했다. 1939년 10월, 그는 수십 명의 동료 역사학자 및 작가, 교사 들과 함께 오이네그 샤베스라는 이름의 지하조직을 결성하고, 게토가 봉쇄된 이후에는 아카이빙 작업을 더욱 조직적으로 발전시키기로 결정한다. 이들은 비밀리에 게

• "Instructions by Heydrich on Policy and Operations Concerning Jews in the Occupied Territories, September 21, 1939," *Yad Vashem: The World Holocaust Remembrance Center*, https://www.yadvashem.org/docs/heydrich-instructions-concerning-jews.html

토 안팎을 종횡무진하며 최대한 많은 자료를 수집했다. 아카이브에 통상적으로 적용되는 선택과 배제의 원칙은 무시되었다. 유대인 강제 이송과 학살에 관련된 독일 문서들을 확보하려는 노력 외에도, 수집할 수 있는 모든 것을 그 종류나 위계를 가리지 않고 전부 아카이브에 포함시켰다.

디디-위베르만은 오이네그 샤베스의 이러한 시도를 현실의 강한 힘이 지배하는 세계 속에서 지워지고 있는 이질적인 시간과 장소를 가시화하는 도전으로 읽어낸다. 이는 그가 피압제자의 건축 기술과 공간의 구획에 대한 "신화적인 동시에 실재적인 항의의 공간"으로서 인용하고 있는 푸코의 '헤테로토피아' 개념과 연결된다.[•] 푸코에 의하면 어떤 피압제자의 억압적 공간에도 "저항과 불복종, 대항 세력화의 가능성"은 존재하는데, 이는 역설적으로 어떤 공간적 기획도 그 자체로 해방이나 억압의 근본적인 결정요인이 될 수 없기 때

• 조르주 디디-위베르만, 「감각할 수 있게 만들기」, 알랭 바디우 외, 『인민이란 무엇인가』, 서용순 외 옮김, 현실문화, 2014, p. 120: 미셸 푸코, 『헤테로토피아』, p. 52.

문이다. 자유는 오직 '실천'일 뿐이며, 실천 없이 인간을 해방시키는 자동적 해방 기계는 존재하지 않는다.● 나아가 푸코는 이러한 헤테로토피아적 장소들을 고문서, 도서관, 박물관과 연결시키며, 일종의 영원불변한 보편적 아카이브를 구축하려는 근대성의 기획들에 대립하는 "거대한 상상력의 저장소"로서 헤테로토피아적 아카이브를 제시한다.●● 디디-위베르만은 권력의 역학관계에 의해 촘촘히 직조된 공간과 거기에서 생기는 예외적 균열들에 대한 푸코의 구조적 독해를 경유하면서, 그 안에서 억압받고 배제되고 은폐되는 미미한 존재들이 위험을 무릅쓰고 스스로와 타인의 구원을 위해 행동에 나서는 실천적 측면, 존재론적이고 윤리적인 결단의 측면을 증폭시킨다. 그리고 『흩어진 것들』에서 린겔블룸 아카이브를 그 열림이 가능한 공간, 억압의 틈에서 해방적 정동이 분출할 수 있는 실재적 공간으로 접근한다. 그렇다면 그러한 가능성의 공간으로서 헤테로

●　미셸 푸코, 『헤테로토피아』, pp. 77~78.
●●　조르주 디디-위베르만, 「감각할 수 있게 만들기」, p. 120; 미셸 푸코, 『헤테로토피아』, pp. 56~58.

토피아를 어떻게 가시화할 것인가? 어떤 방식의 실천을 통해 그 해방적 역량이 작동하고 있는가?

헤테로토피아-아카이브의 이질성의 원리

디디-위베르만이 늘 주의를 기울이는 아카이브는 거대 서사, 거대 담론을 구축하려는 유토피아적 기획에 의해 구성된 근대적 아카이브가 아닌, 이처럼 제도적 틀의 안팎에서 틈을 만드는 헤테로토피아적 아카이브이다. 그리고 그는 역사의 순응주의자들이 결코 들여다보지 않는 문서들을 탐사해 '이름 없는 사람들'을 드러내고 형상화하는 일이야말로 역사가와 철학자, 예술가의 책무라고 역설한다.[*] 요컨대 그 일은, 기존의 아카이브를 거듭해서 새롭게 읽어내고 다시 쓰기를 통해 억압된 채로 재현되는 민중들의 억눌린 감정과 기억을 '감각적으로' 다시 드러내는 것을 말한다.[**]

슬라브 문학 연구자 팔로프Benjamin Paloff는 바르

---

[*] 조르주 디디-위베르만, 『민중들의 이미지: 노출된 민중들, 형상화하는 민중들』, 여문주 옮김, 현실문화, 2023, p. 43 참고.
[**] 조르주 디디-위베르만, 「감각할 수 있게 만들기」, pp. 114~16, 141~45 참고.

샤바 게토를 다룬 글에서, 디디-위베르만 역시 언급했던 일명 '바르샤바 게토의 소년'으로 잘 알려진 사진에 주목한다. 팔로프에 따르면 이 사진은, 1943년 바르샤바 게토에서 죽음의 수용소로 이송되었던 유대 민족의 비극을 매우 극적으로 보여주는 대량 학살의 도상icon으로 수없이 복제되고 재생산되었다. 팔로프는 이렇게 동일한 맥락으로 거듭 반복되는 이미지에서 도상성iconicity은 그만큼 더 강화된다고 주장한다. 그 경우 이미지는 강렬한 인상을 남기거나 보편적 정서를 공유할 수 있지만, 당시 실존했던 한 소년은 인간 존재로서의 구체성을 잃어버리고, 비극, 희생, 학살, 부조리 등과 같은 상징적 의미에 함몰되고 만다.● 이미지가 이런 방식으로 공유될 때 '기억의 포화' 상태에 놓이게 된다고 말할 수 있다. 이것은 보편적 개념이라 부르는 것으로 고착되어 더 이상 역사적 구체성에 관련시킬 수 없게 된 기억을 가리킨다. 따라서 디디-위베르만은 과거와 역

● B. Paloff, "Can You Tell Me How to Get to the Warsaw Ghetto?," *M/m*, 2017, https://modernismmodernity.org/articles/paloff-war-saw-ghetto.

사를 읽을 수 있게 만들기 위해서는 기억의 대상, 그 **유일성**과 **복잡성**에 접근해야 한다고 역설한다.[*]

포화된 기억의 반대편 또 다른 극단에는, '상상 불가능성'을 주장하는 담론이 존재한다. 홀로코스트는 인간의 상상을 초월한 사건이기 때문에 '언어로 말해질 수 없으며l'indicible' 이미지로도 '재현될 수 없다l'irreprésentable'는 선언이다.[**] '모든 것을 무릅쓴' 이미지의 힘을 신뢰하는 디디-위베르만에게 있어 이러한 입장은 여전히 이미지를 본질을 가리는 베일로 간주하는, 이미지에 대한 전통적 사유의 틀에서 비롯된 것이다. 그는 오히려 "베일을 요동치게 하는, 베일의 찢어진 틈"에 주목할 것을 요청한다. 왜냐하면 그 틈은 절대적 이성, 절대적 순수, 절대적 진리의 유토피아, 다시 말해 우리 세

[*] G. Didi-Huberman, "Ouvrir Les Camps, Fermer Les Yeux," *Annales. Histoire, Sciences Sociales* 5, 2006, p. 1013. 보편성과 유일성 사이의 균형에 대한 디디-위베르만의 생각은, 아감벤을 인용하며 '공통적인 것'과 '고유한 것'을 가르는 날카로운 능선으로서의 '임의적인 것,' 그리고 인류와 개인 사이의 '오고 감aller-retour'에 대해 논의하고 있는 다음 저서를 참고할 것. 조르주 디디-위베르만, 『민중들의 이미지』, pp. 283~86.

[**] G. Didi-Huberman, "Ce qui rend le temps lisible, c'est l'image," p. 124.

계에는 결코 실재하지 않는 허구적 이데아의 베일을 뚫고서 "실재의 파편이 폭발"하는 공간이기 때문이다.[*] 그리고 바로 그 틈에서, 앞서 살펴본 헤테로토피아로서의 아카이브에 존재하는 틈과도 같은 해방적 가능성을 발견할 수 있기 때문이다. 따라서 우리는 디디-위베르만이 아카이브와 관련하여 역사가 본연의 일로서 강조했던, 각각의 고유한 존재들, 사건들의 시선과 표정과 목소리, 그 유일성을 읽어내는 일의 중요성을 이해하게 된다.

앞서 말했듯이 디디-위베르만은 린겔블룸 아카이브 자체를 동일성의 원리 ─ 이를테면 아리아인을 우월한 인종으로, 유대인을 열등한 인종으로 분류하는 ─ 에 따라 그에 속하지 않는 것을 배제하고 억압하는 권력 장치에 맞서, 이질성의 원리 혹은 '흩어짐'의 원리를 표방하는 헤테로토피아적 저항의 장치로 읽어낸다. 린겔블룸은 "역사를 위해서는, 일어났던 것들 가운데 그

● G. Didi-Huberman, *Images malgré tout*, Paris: Les Éditions de minuit, 2004, p. 104. 이나라, 「전쟁 아카이브의 윤리학: 수용소 아카이브를 중심으로」, 『현대미술학논문집』 제27권 2호, 2022, p. 140에서 재인용.

어떤 것도 상실되어서는 안 된다"●고 역설했던 벤야민의 역사철학과 동일한 관점에서, 아무리 하찮아 보일지라도 가능한 많은 것을 수집한다는 원칙으로 작업했다. 그렇게 1939년부터 1942년 사이 수집된 자료들에는 유대인 노동자 해방운동인 분트나 청년 조직 추쿤프트의 지하 출판물처럼 나치 권력에 직접적으로 저항하는 정치적 자료들도 있었지만, 그림, 과자 포장지, 전차표, 배급 카드, 극장 포스터, 콘서트나 강연 초대장, 초인종 코드, 식당 메뉴판, 거리의 노래 등, 차라리 인류학적 차원의 아카이브라 할 수 있을 만큼이나 다양하고 이질적인 요소들이 포함되어 있었다. 또 다른 한편 린겔블룸은 독일군들의 삼엄한 감시에도 불구하고 게토 안에서 벌어졌던 물물거래, 밀수, 연극이나 음악회 공연, 비밀 교육, 학술 강연, 또는 항간에 떠도는 소문, 그리고 악몽과도 같은 시간을 견뎌내기 위해 고안된 민중의 재담과 농담에 이르기까지, 자신이 게토에서 관찰한 일상의 매우 구체적인 양상 또한 세세히 기록

● 발터 벤야민, 『역사의 개념에 대하여/폭력비판을 위하여/초현실주의 외』, 최성만 옮김, 도서출판 길, 2008, p. 332.

했다. 디디-위베르만은 아키비스트이자 역사학자로서 린겔블룸의 이러한 모든 활동을 단순히 자료의 집적이 아닌, 거기에서 각자의 이름, 각자의 목소리, 각자의 **유일성을 되찾기 위한 작업**이자 각자의 "삶이나 죽음을 초월한 **기억의 정치**"였다고 말한다(p. 116). 그리고 바로 이 지점에서 린겔블룸이 아카이브를 구성하고자 노력했던 이유가 있었다고 역설한다. 말하자면 그것은, 동일성의 원리에 의해 구축된 나치의 거대한 아카이브에 맞서, 그렇지 않았다면 게토와 함께 영원히 파괴되었을, '흩어진 것들'의 아카이브였다. 그러나 그렇게 사소하고 미약한 것들의 모음은, "현재〔의〕 무력함을 미래의 힘"으로, "**생존**의 불가능성을 **잔존**의 기회로" 만들기 위한 매우 절실한 정치적 실천이자, "존재의 모든 측면에 주의를 기울이는" 역사 기술의 실천으로 이해되어야 한다는 것이다(pp. 115~16, 118).

3. '흩어진 것들'의 몽타주

'몽타주-테이블': 아카이브에서 아틀라스로

『흩어진 것들』에는 디디-위베르만이 유대인역사연구소를 방문했을 때 스냅숏으로 촬영한 17장의 사진 이미지가 수록되어 있다. 그중 어떤 사진은 초점이 흐리고 어떤 사진은 프레임이 잘리고 어떤 사진은 반사광으로 번쩍인다. 어떤 사진은 찍힌 것이 무엇인지 알아보기 어려운 추상적 형태만을 보여주고, 어떤 사진은 찍힌 이유가 무엇인지 짐작하기 어려운 사물의 일부만을 보여주고, 어떤 사진은 린겔블룸 아카이브의 사진 자료를 다시 찍은 사진의 사진이다. 그리고 이 이미지들은 사진가, 제목, 연도, 출처 등 통상적으로 도판에 붙게 되는 정보가 전혀 없이 제시된다. 이렇게 흐리고 불확실한 이미지들은, 사진을 문헌학적 엄밀성을 지닌 본연의 문서들documents과 구별해 부수적 참고자료documentation로 분류하고 있는 유대인역사연구소의 아카이브 분류 체계에 대하여 역설적인 방식으로 던지는 질문처럼 보이기도 한다.

린겔블룸 아카이브의 몇몇 사진들 또한 수없이 복

제되고 재생산되는 과정에서 자료 자체에 내재된 결핍을 보충하고 특정 부분을 강조하기 위해 간혹 조작되거나 각색되기도 했을 것이다. 이는 모든 아카이브의 사진 자료들이 일반적으로 겪는 운명이기도 하다. 보통 상징적 아이콘으로 소비되는 이미지들은 미학적으로나 내용적으로 '볼만한 것'을 제공한다. 그러나 디디-위베르만은 스펙터클처럼 보일 가능성을 최대한 배제한다. 시선 바깥으로 밀려나거나 아예 폐기되어 사라질 운명에 처했던 이 이미지들을, 이토록 사소하고 파편적인 것들을, 그는 이 책에서 연약하고 취약한 상태 그대로 불러내 우리 눈앞에 제시한다.

　디디-위베르만은 바로 그 불완전성, 손상, 부서짐이야말로 게토에서의 비극적 역사와 오이네그 샤베스 그룹이 겪었을 위험천만하고 위태로웠던 현실의 진실을 말해준다고 역설한다. 또한 애초 문서가 갖고 있는 이러한 물리적 조건과 디디-위베르만이 이 문서들을 촬영했을 때 사용한 카메라의 기술적 조건 때문에 발생한 사진의 '실패' 역시 가시성의 한계 자체를 드러내는 도구로 기능한다. "사실, '초점을 맞춘다는 것'이 아무런 소용이 없는 사물들, 존재들, 사건들이 존재한다.

광학적으로나 인식론적으로나 이 표현이 가질 수 있는 모든 의미에서 말이다. 왜 그러할까? 자료 자체의 현실을, 그리고 결과적으로 그 자료의 가독성의 조건을 독특한 방식으로 복잡하게 만드는 어떤 실재가 이 현실에 뒤섞였기 때문이다. 아니면, 은밀히 스며들거나 거세게 밀어닥치는 파도와도 같은 감정이 이 모든 것 위로 지나갔기 때문일 것이다"(pp. 75~76). 그렇다면 이러한 조건 속에서 우리는 무엇을 읽어야 하는가? 현실에 섞이고 스며들었다고 하는 실재와 감정이란 무엇을 말하는가?

지금의 기술적 조건이라면 아마 흐린 이미지의 초점을 다시 맞추는 것은 그리 어려운 일이 아닐지 모른다. 인공지능이 탑재된 디지털 기술은 찢어지고 빛바랜 흑백사진을 원상태 그대로 복원하는 차원을 넘어서 총천연색을 입히고 심지어 살아 있는 것처럼 움직임을 만들어내고 있지 않은가? 이렇게 아주 손쉽게 다시 태어난 과거의 사진 이미지들이 SNS에서 '밈'과 '짤'의 스펙터클로 소비되고 확산된다. 그러나 디디-위베르만은 자신의 '스마트'한 카메라가 다시 찍은, 애초에 흐린 사진이나 문서의 초점을 다시 맞춰 보정하는 일에는 관심이 없어 보인다. 그가 보고자 했던 것, 알고자 했던 것은 하나하나의 선명한 디테일에 담긴 상징적 의미가 아니기 때문이다. 대신 그는 자신이 다시 찍은 사진들을 테이블 위에 펼쳐놓고 전체적으로 빠른 속도로 훑어보는 방식을 선택한다.

이 에세이에서 디디-위베르만은 이미지에 가독성을 부여하기 위해 그만의 고유한 '몽타주-테이블'•의 방법론을 적용한다. 그의 이미지 연구에서 테이블은 단순한 물리적 사물이나 도식적 기호를 넘어서 지적 활동 전반을 아우르는 방법론적 공간에 해당한다. 그는 자신의 연구에 필요한 텍스트와 이미지 등 다양한 자료들을 색인카드 형태로 만들고, 그것을 그때그때의 연구 주제에 따라 분류하여 자신만의 아카이브를 구축하

• '몽타주-테이블'은 『흩어진 것들』을 포함한, 디디-위베르만의 다른 저작들에도 공통적으로 적용되는 글쓰기의 방법론적 도구라고 할 수 있다. 다만, 이 에세이에 수록된, 그가 직접 촬영한 17개의 사진 도판이 '색인카드'처럼 제시된 형식을 통해 우리는 그가 자신의 연구에 복제 이미지를 활용하는 방법론을 잘 엿볼 수 있다. '몽타주-테이블'에 대한 보다 자세한 내용은 G. Didi-Huberman, *Tables de montage*, Saint-Germain-la-Blanche-Herbe: Éditions de l'Imec, 2023, pp. 8~20을 참고할 것.

는 것에서 글쓰기를 시작한다. 카드들은 읽기, 쓰기, 사유하기라는 지적 활동이 이루어지는 역동적 무대인 테이블 위에 끝없이 재배치되고 상호 연결되면서 늘 새로운 구성을 만들어낸다. 말하자면 그의 테이블은, 아비 바르부르크의 검은 패널들처럼, 파편화된 지식 조각들의 몽타주 과정을 거치며 새로운 사유를 탄생시키는 '변증법적 기계machine dialectique'와 같은 역할을 수행한다고 할 수 있다. 아카이브는 몽타주-테이블을 매개로 결국 사유의 과정을 가시화하고 새로운 지식을 창조하는, 디디-위베르만의 표현을 빌리자면, "앎의 시각적 형태이자, 보는 행위의 학문적 형태"•이기도 한 '아틀라스Atals'가 된다고 말할 수 있다. 디디-위베르만이 독일의 미술사학자 바르부르크가 평생에 걸쳐 구상한 므네모시네 아틀라스 프로젝트에서 가져온 이 아틀라스 개념은, 아카이브의 위계적 질서나 학문적 경계의 구속을 초월하는, 동등하고 비선형적인 병치를 통해 오직 상상력만을 동력으로 '횡단적 지식'을 제공하고 새로운 의미를 창출하는 미학적, 인식론적 장치이자 이론으로 요

• G. Didi-Huberman, *Atlas ou le gai savoir inquiet*, p. 12.

약될 수 있다.[*]

　이렇게 디디-위베르만은 아카이브에서 잘라내 자신의 몽타주-테이블 위에 병치시킨, 사진 촬영의 주체나 그것이 담고 있는 내용 등 여러 면에서 서로 이질적인 사진 자료에서 각 사진의 개별적 관찰만으로는 파악하기 어려운 다음과 같은 '역사적으로'나 '정치적으로' 서로 연결된 세 개의 시각적 패러다임을 도출해낸다. 첫째, 그것은 비록 이 사진들에서 가시적으로 나타나지는 않지만 늘 모든 것을 통제하고 지배하는 '억압자들의 패러다임'이다. 그는 이 패러다임을 바르샤바 게토 안을 찍은 사진 속 곳곳에 등장하는 바르샤바 게토의 벽이라든가, 그 벽에 부속된 문, 통로, 바리케이드 등에서 발견한다. 그리고 이러한 일련의 '기술적 장치' 또는 '비인격적 기호'에서 봉쇄, 감시, 고립, 기아, 절멸로 이어지는 공포정치의 권력을 읽어낸다. 둘째는, 유대인 자치정부인 '유덴라트의 패러다임'이다. 예를 들어, 제복을 입고 포즈를 취하고 있는 유대인 경찰의 초상사진은, 같은 운명에 처한 유대인임에도 불구하고 나

[*] 같은 책, p. 13 참고.

치 독일의 명령을 충실히 수행하는 대가로 얻은 한시
적 특권을 드러낸다. 셋째는, '통치 불가능한 민중의 패
러다임'이다. 살아남아야 한다는 절박함으로 모든 것을
무릅쓴 이 민중들은, 나치 독일 정부와 유대인 자치정
부의 통치를 은밀히, '불법적으로' 벗어나, 단어 본연의
의미 그대로 '자치적인' 삶을 개척한다. 디디-위베르만
은 린겔블룸 아카이브의 사진들 속에서 그러한 시각적
기호를, 몰래 감자를 재배하는 장면이나 식량을 밀매하
는 장면에서 발견한다(pp. 140~46 참고).

　　나아가 디디-위베르만은 린겔블룸 아카이브의 전
방위적 수집, 다시 말해 단순히 게토 안에서 억압받는
민족의 비극적 상황을 보여주는 자료뿐만 아니라, 억압
자의 권력, 그리고 그 권력과 타협하는 계층과 관련된
자료까지도 포함하는 수집 방법에서, 린겔블룸의 '사회
비판적' 관점을 읽어낸다. 디디-위베르만은, "모든 아카
이브는 결합하는 동시에 흩어놓는다. 린겔블룸의 아카
이브는 바르샤바에 포위된 유대 민족을 그들의 다양한
시련들 속에 결합하는 동시에 [⋯] 그들의 불화를 정
확하게 기록함으로써 게토의 **유대 민족들**을 흩어놓는
다"(p. 196)라고 말함으로써, 이들이 겪었던 공통된 비

극의 역사에도 불구하고, 이들 사이에 존재했던 갈등과 불화에 주목한다. 디디-위베르만의 이러한 독해는, 유덴라트 지도자들의 상투적 포즈나 부자연스러운 표정과는 거리가 먼, 저마다 '특별한 감정'을 표현하고 있는 사진에서 보다 섬세해진다. 예를 들어 그는 한 무리의 게토 주민을 찍은 사진 속에서 한 유대 여성이 카메라를 향해 짓고 있는 미소를 살핀다. 그에 의하면 이 미소는 그녀를 촬영하고 있는 사진가에 대한 친근감뿐만 아니라, 이들을 그곳에 모이게 했을 유덴라트에 대한 신뢰, 혹은 그 배후에 존재하는 나치의 거짓에 대한 맹신에서 비롯된 것일 수 있다(pp. 170~72 참고). 물론 우리는 그 신뢰와 맹신의 감정 이면에서 게토에 강제로 격리된 상황에 대한 불안과 공포라는 상반된 감정 역시 가늠할 수 있다. 이렇게 하나의 얼굴에 복잡하게 겹쳐 있는 감정의 층위들을 읽어낼 때, 우리는 그녀로 하여금 그때 그러한 표정을 만들었을 그 시간 속의 복잡한 현실을, 그 역사적 상황을 조금 더 잘 알 수 있게 된다는 것이다. 이는 말하자면 디디-위베르만이 『흩어진 것들』에서 여러 차례 언급했던 '거리'와 '접촉'의 변증법적 관계 ─ 사진 자체의 존재론이자 현상학이기도 한 관계—속에서 발견되는 역사에 대한 인식이라고 할 수 있다. 이를테면, 아카이브의 사진들을 전체적으로 훑어보았을 때의 거리와, 사진 속 한 여성의 미소를 보기 위해 사진 가까이 다가갔을 때의 접촉 말이다. 그러한 접촉하기와 거리두기의 지속적인 운동 속에서, 우리는 이 여성의 미소처럼, 결국 게토 안에서의 패러다임이 눈에 보이는 것과는 달리 그렇게 쉽게 구분될 수 있는 것이 아니라, 사실은 그 또한 복잡한 감정들이 발생하고 충돌하면서 형성되는 것임을, 그래서 서로 미묘하고 복잡하게 겹쳐 있는 것임을 이해하게 된다.

'에세이': 시적 언어와 이론적 언어 사이에서 '시도하기'

자신의 친척 또한 절멸수용소에서 학살당했던 개인적 사연을 담고 있기도 한 『흩어진 것들』에서 디디-위베르만은 이처럼 종전 후 게토의 폐허 속에 함께 묻힌 '문제적' 삶을 다시 불러내 그것을 상상하고 인식하게 만드는 '상상력의 장소'로서 린겔블룸 아카이브를 제시한다. 이 글이 취하고 있는 1인칭 화자 시점의 에세이 형식은 단지 개인사적 일화와 역사적 기억을 연결시키는 장치에 그치지 않는다. 그것은 모든 역사를 이루고 있는 무수한 개인들의 외침을 드러내고자 하는 시도, 즉 에세이essai라는 단어 자체에 포함된 본질적 의미 그대로 '**시도하기essayer'로서의 글쓰기**로 나아간다. 그 시도는 그가 마주한 기록들의 불확실성과 모호함에도 불구하고 그것을 결국 읽어내고야 말겠다는 목표지향적 시도나, 반대로 그러한 한계로 인해 처음부터 실패할 것을 미리 상정하고 읽어내는 소심한 시도와는 거리가 멀다. 디디-위베르만은 베케트가 언어의 불가능성 앞에서 "애써 말하기"라고 표현한 시도에 대해 이야기한다.[•] 프랑스어처럼 영어에서도 일상적 용법에 해당하는 '말하기를 시도하기essayer de dire; try to say'라는 표현을 '애써 말하기essayer dire; try say'로 바꾼 베케트의 발화에서, 그는 목표 달성에 대한 강박과 실패에 대한 두려움을 전치사 'de/to'를 지움으로써 넘어서고자 하는 모습, 언어의 불가능성 그 자체를 시도하고 있는 사람의 위험을 무릅쓴 실험을 발견한다. 디디-위베르만에 의하면 그것은 오히려 모든 것을 무릅쓰고 끝

* G. Didi-Huberman, *Essayer voir*, Paris: Les Éditions de minuit, 2014, pp. 53~57 참고.

내 "다시 솟아나는 욕망"을, 우리가 우리 자신에게 수행하는 "필연적인 실험"을 의미한다.* 따라서 그것은 시도로 인해 얻어지는 결과가 아니라, 시도 그 자체에서 '실효성effectivité'을 찾는 시도를 말한다. 그것은 이를테면, 불가능성에도 불구하고 말할 수밖에 없는 모든 말하기의 필연성이 몸부림치는, 바로 갈등 그 자체의 '생산성fécondité'을 중요시하는 태도이다.** 이것이 아마도 디디-위베르만이 린겔블룸 아카이브의 취약성과 이질성, 그 걷잡을 수 없는 흩어짐 앞에서 베케트의 어법을 참조해, "보려 시도하기essayer voir" 위해, 즉 '애써 보기' 위해 그곳에 갔다고 했던 말의 의미일 것이다. 그는 이 아카이브의 이미지들을 그저 **보려는 시도 그 자체**를 위해 바르샤바에 갔던 것이다(pp. 12, 136).

디디-위베르만은 이러한 베케트적 시도를 아도르노가 「형식으로서의 에세이」에서 모색하고 진단했던 '이론적인' 동시에 '시적인' 형식인 에세이와 연결시키고, 에세이 형식을 다음과 같이 특징짓는다. 그것은 우

● 같은 책, p. 53.
●● 같은 책, pp. 53~54.

연적이고 단편적인 재료를 사용하며, 인과적 관계나 위계적 구조에 구속받지 않는 병렬배치의 방식을 통해 이미지와의 유사성으로부터 추론을 생산하고, 불연속성 안에서 '멈춰 선 변증법'을 보는 형식이며, 부분적인 특징에서 전체성이 발현되는 형식이라고 요약될 수 있다.• 그러므로 이 형식은 정확성 대신 가독성을 추구하고, 요소들의 고착이 아닌 이행에서 새로운 진리를 찾는다. 이러한 에세이 형식 속에서 우리는 디디-위베르만이 말하는 몽타주-테이블을 매개로 아카이브가 아틀라스로 전환되는 형식적 원리를 발견하게 된다.

디디-위베르만에 의하면, 베케트의 급진적 글쓰기 형식은 사라지는 어떤 것에 대한 '강렬한 사랑'과 '파토스의 흔적'으로부터, 그리고 묘사 불가능한 것을 결핍의 언어로 말할 수밖에 없는 존재의 '기이한 고통'으로부터 비롯된다.•• 디디-위베르만 자신이 흩어진 아카이브에 대한 불가능한 글쓰기를 시도하는 시작과 끝에도 이와 마찬가지로 격렬한 감정의 움직임, 즉 눈물이 놓

• 같은 책, pp. 81~88 참고.
•• 같은 책, pp. 53~56.

여 있다. 『흩어진 것들』은 디디-위베르만이 어린 시절 거울을 보며 흘린 눈물을 기억하는 장면으로부터 시작하며, 그를 찾아온 폴란드의 한 연구자—그 또한 흩어진 아카이브에 대한 불가능한 고고학을 시도하고 있는—를 떠올리며 눈물을 흘리는 장면으로 끝을 맺는다. 그리고 그 끝에서 디디-위베르만은 "이 눈물을 반드시 순백의 종이 거울 위에 떨어뜨려 무언가를 쓰고 말겠다"고 다짐한다(p. 238). 불가능한 결핍의 언어로, 그럼에도 불구하고 쓰고야 말겠다는 고통스러운 다짐으로 쓰인 글이 바로 『흩어진 것들』이며, 이 에세이의 끝이 결국 그 시작으로 다시 이어지면서 나선형의 순환 구조를 만들고 있는 것이다. 말하자면 눈물이, 이 에세이의 도입부에서 디디-위베르만이 언급하고 있는 코츠크의 랍비 메나헴 멘델이 흘린 탄식의 눈물이 그러했던 것처럼, 그의 **글쓰기의 시작과 끝**을 서로 **연결시키고 지속시키고** 있는 셈이다.

그러므로 에세이라는 형식을 단지 불가능성 앞에서 가능한 저항의 형식으로 보는 것만으로는 부족할 것이다. 불가능성 앞에서, 그럼에도 그것을 넘어서고자 하는 어떤 정념과 의지가 어떻게 발생하는가라고 묻지 않을 수 없다. 그 정념과 의지는 그에 앞서 이미 어떤 하나의 감정이, 건널 수 없을 것처럼 보였던 한계를 넘어 범람하고 침투해, 나라는 글쓴이를 전염시키고 공명시켰기 때문에 발생할 것이다. 그때 전염되는 것은 완결된 전언이라기보다는, 게토에 갇혀 있던 죽음의 자리로부터 그곳에서의 삶을, 슬픔을, 진실을 미래의 누군가에게 끝내 전하고자 했던 그 불가능한 시도 그 자체라고 할 수 있다. 그 불가능한 시도가 나에게 전해져, 다시금 그것을 독자들에게 전하고자 시도하게 만드는 것, 그것이 디디-위베르만의 에세이를 추동하는 힘으로서의 감정일 것이다. 이는 대상과 위생적으로 분리된 외부에서의 글쓰기가 아니라, 대상과 주체가, 그리고 과거와 현재가 서로를 변화시키며 새로운 시간과 공간을 생성시키는 일종의 '전염 과정'에 의한 **상호 감염의 글쓰기**라고 할 수 있다.[*] 독자는 그렇게 '눈물로' 쓰인 글의 단어, 문장 하나하나가 어느새 그의 마음에 닿아 뿌리를 내리고, 싹을 틔우는 듯한 통증, 감정의 울림을 경험한다. 게토의 폐허 속에서 함께 사라졌던 사람들이

[*] 조르주 디디-위베르만, 『민중들의 이미지』, pp. 241~42 참고.

다시 목소리를 되찾는다.

역사에서의 감정: 존재의 유일성에 다가가기

「감각할 수 있게 만들기」라는 글에서 디디-위베르만은 에세이를 추동하는 힘으로 이어지는 이름 없는 민중들의 감정이 재현과 맺는 특별한 관계에 대하여 말한다.* 그는 민중과 감정을 연결하는 재현이 단순히 매스미디어를 통해 전체주의적 감정을 전달하는 데 그치는 것이 아니라, 민중들과 마찬가지로 "다수적이고 이질적이고 복잡한 어떤 것"으로서, 역설적이고 증후적인 방식으로 작동한다고 진단한다.** 그에 의하면, 프

* 이 글에서 디디-위베르만은 재현될 수 없는 민중, 혹은 재현될 자격이 없는 민중에 대한 슈미트Carl Schmitt와 로장발롱Pierre Rosanvallon의 논의를 비판하면서, 로장발롱이 구분한 '여론-민중opinion-peuple' '국가-민중nation-peuple' '감정-민중émotion-peuple'의 세 가지 '상상적 민중들' 가운데 마지막 '감정-민중' 개념에 주목한다. 로장발롱은 이 '감정-민중'을 확고한 내용이나 구체적인 정치적 비전 없이 순간적인 감정의 동조에 기반해 일시적인 형태로 융합했을 뿐, 구속력 있는 연대나 근본적인 변화를 가져오지 못하는 파편화된 감정 공동체에 불과한 것으로, 역사에 기입될 수 없다고 규정한다. 조르주 디디-위베르만, 「감각할 수 있게 만들기」, pp. 103~106 참고.
** 같은 글, p. 104.

로이트가『꿈의 해석』에서 정서와 재현의 변증법적 관계를 무의식의 양상으로 설명하고 있듯이, 감정은 재현과 "내재적이면서도 분리적인 관계"를 만들어내며, "표현인 동시에 갈등인 관계," 즉 변증법적 관계 속에 놓여 있다.* 권력과 자본의 하수인으로 복무하는 시각적인 것(미디어) 속에서 역사가와 예술가가 이러한 변증법적인 운동을 볼 수 있을 때, 비로소 역사의 무의식과도 같은 감정은 입을 열어 자신의 잊힌 꿈과 같은 이야기를 들려준다. 이때 감정은 역사 속에서 순간적으로 나타났다가 사라지지만 아주 구체적인 실재로서 이미 역사에 기입된 것이며, **역사에 가독성을 제공하는 중요한 결정체가 될 수 있다.** 한편, 그 어떤 권력도 부여받지 못한 민중이 자신들의 고통, 감정을 표명하면서 "자신들이 압제받는다고 선언할 때" 감정은 '정치적 현현'으로 이어진다.*** 디디-위베르만은, 따라서 역사가와 예술가는 공동체의 역사 속에서 이처럼 감정과 정

* 같은 글, pp. 107~108.
** 같은 글, pp. 106~107.
*** 같은 글, pp. 127~29.

치가 결합되어 상호작용하고 있는 변증법적 관계를 식별해야 한다고 역설한다. 유토피아적 기획에 의해 통합된 서사, 단일한 역사 기술에서 누락되거나 은폐되어 비가시적이었던 민중의 감정과 그 정치적 현현을 포착하고, 무엇보다 그 안에서 일어나는 분열, 긴장, 모순까지도 섬세하고 정확하게 인식할 때 진정한 정치적, 역사적 감각을 회복할 수 있다는 것이다.

앞서 우리는, 디디-위베르만이 린겔블룸 아카이브의 사진 자료들을 테이블 위에 펼쳐놓고 그 배치를 수시로 달리하며, 그리고 거리와 접촉의 시선을 교차하며 이 이미지들에서 게토 내 계급뿐 아니라 개인의 얼굴 표정에서 나타나는 분열과 긴장과 모순의 복잡한 양상을 어떻게 관찰하고 가시화하는지 살펴보았다. 그는 동일한 몽타주-테이블의 방법론을 적용해, 지극히 일상적이고 사소해 보이는 쪽지, 편지 따위의 자료들을 살핀다. 그리고 각각의 글에서 들려오는, 대부분 가난하고 억압받는 사람들의 흩어진 목소리에 귀를 기울인다. 디디-위베르만이 "소수자의 소수 문학"(p. 112)이라고 표현한, 근대적 아카이브의 일관된 체계, 혹은 리얼리즘 문학의 통일된 연속성이 결여된 이 흩어진 글들 속에는 거대한 담론이나 서사는 존재하지 않는다. 역사적 사건에 대한 자세한 정보나 진술 역시 찾아보기 어렵다. "특수한 정치적 결정들을 할 준비가 된 사회 세력들의 집합"[*]이 아니라, 게토 안에 철저히 고립되어 세계와의 소통이 단절된 사람들의 현전, 자신에게 벌어지고 있는 일들에 대한 일종의 무지, 혹은 '무능력의 선언' 속에 있는 민중들의 현전이 있을 뿐이다. 또한, 각자가 처한 아주 개별적인 — 물론 이들 모두가 처했던 공통의 역사적 사건과 연결된 — 상황에서 비롯된, 절박함의 몸짓과 외침, 슬픔과 기쁨의 눈물, 절망과 희망의 말들이 있을 뿐이며, 우리는 그 안에 스며든 매우 복잡하고 불안하게 흔들리는 개인적인 감정들을 읽어낼 수 있을 뿐이다. 전체주의적 언어에 의해 은밀히 살과 피에 스며들어 권력으로 작동하게 되는 획일적이며 상투화된 감정이 아닌, 상이하고 복합적인 감정들, 저 깊이 무의식에 은폐되거나 억눌린 감정들의 분열적 양상이 그대로 노출된다. 디디-위베르만은 기대와 좌절, 슬픔과 기쁨, 희망과 절망, 분노와 연민, 불안과 확신, 심지어 현실과

[*] 같은 글, p. 143.

환각 사이를 동시에 위태롭게 오가는 억압받는 사람들, 자신의 이름이 기억되길 바라는 '이름 없는 사람들'의 분열적이고 증후적인 목소리를 그대로 전달한다. 그렇게 독자로 하여금 나치의 억압에 맞서는 유일한 무기로서 기억의 긴급함과 절박함을, 그 강렬한 욕구를 경험하게 한다.

감정에서 공동체의 가능성을 발견하기

역사 인식의 문제에 있어 감정의 중요성을 강조해온 디디-위베르만이 『흩어진 것들』을 유년 시절 겪었던 감정의 경험에 대한 이야기로부터 시작하고 있다는 것은 의미심장하다. 그는 어릴 적 우연히 거울에 비친 울고 있는 자신의 얼굴을 마주 보았을 때, 어떻게 슬픔의 감정이 타자처럼 거리를 두고 자신의 모습을 관찰하고 질문하는 인식의 시선을 만들어냈는지 이야기한다(pp. 9~15 참고). 『흩어진 것들』에 이어 2년 뒤 출판된 『끝까지 증언하는 사람』이라는 또 다른 에세이에서도 그는 감정을 언제나 복합적인 증상처럼 나타나는 것으로 간주하고, 그러한 감정에 의해 야기되는 자아의 분열과 대상화에 대해 말한다.[*] 감정의 복잡성은, 예를 들어 그가 울고 있는 자신의 얼굴을 거울에서 보았을 때처럼 슬픔에서 놀라움으로의 감정 변화에서 나타나는 복잡성만을 가리키지 않는다. 그것은 이를테면 하나의 표정, 몸짓으로 지금 이 순간 표현되는 '즉각적 사건'으로서의 감정이 종종 무의식의 수준에서 억압되고 은폐된, 또 다른 시간 속에서 발생하는 이질적 감정들 또한 내포하고 있음을 의미한다.[**]

이렇게 디디-위베르만에게 있어 감정, 특히 슬픔, 탄식, 고통의 감정은 "나의 존재의 단일성unité"을, 나아가 "체제나 세계의 조직tissus"의 일관성, 통일성, 폐쇄성을, 때로는 "일시적으로 [또는] 영구적으로," 때로는 "아주 미세하게 혹은 아주 총체적으로 분열, 분산, 붕괴"시키는 것을 가리킨다.[***] 그런데 이러한 분열이 중요한 이유는, 그 분열을 통해서 비로소 자아가 타자와 만나 함께할 수 있는 가능성이 열리기 때문이다. 이는

• G. Didi-Huberman, *Le Témoin jusqu'au bout: Une lecture de Victor Klemperer*, Paris: Les Éditions de minuit, 2022.

•• 김홍기, 「역사의 감정을 증언하기: 조르주 디디-위베르만의 논의를 중심으로」, 『철학연구회』 제148집, 2025, pp. 36~37 참고.

••• G. Didi-Huberman, *Le Témoin jusqu'au bout*, p. 9.

곧 흩어짐을 통한 만남이라는 역설과도 연결된다고 할 수 있다. 자아가 감정에 증후적으로 나타나는, 자아의 단일성을 깨는 '자아분열'—흩어짐의 나눔—을 통해서만, 즉 이렇게 억압되고 은폐된 시간 속에 퇴적된 또 다른 감정의 층위들로 이루어진 **감정의 복잡성을 인식하고 인정할 때**에만, 역설적으로 **공동체(인류)**와의 **나눔**을 실현할 수 있다는 의미가 될 수 있기 때문이다. 아마도 그것이 『끝까지 증언하는 사람』을 시작하는 첫 문장, "감정은 우리를 나눈다"의 의미가 아니었을까? 바로 이런 맥락에서, 낭시Jean-Luc Nancy의 '단수이자 복수'로 분열된 존재인 인간의 공동체론을 지지하고 있는 디디-위베르만에게 있어 감정은, 그 자체가 비록 공동체를 가능하게 하는 충분조건은 아닐지라도, 적어도 공동체의 가능성에 대한 희망을 품을 수 있는 기본적인 전제가 된다고 할 수 있을 것이다.•

　물론 우리는 이 '나누다partager'라는 동사가 갖고 있는 이중적 의미를 잘 식별해야 할 것이다. 그것은, 디디-위베르만이 『흩어진 것들』 전반에 걸쳐 언급한 '거

• 조르주 디디-위베르만, 『민중들의 이미지』, pp. 132~37을 참고할 것.

리'와 '접촉'에 해당하기도 하는, '분리'와 '결합'의 모순적 동시성을 함축한다. 우리는 감정을 함께 나눔으로써 결합하고, 각자의 감정 속에서 서로 분리된다. 결합과 분리 사이에서 흔들리는 감정의 운동은 물론 데리다가 말한 '기원'을 향한 운동, '아카이브 열병'의 그 강박적 운동은 아닐 것이다. 그것은 오히려 그러한 단일한 기원, 동일한 전체 속에서 늘 흔들리며 변화하는 운동, 과정으로서의 감정이 만들어내는 **틈을 발견하는 운동이다.**• 바로 그 틈에서, 디디-위베르만이 조르조 콜리가 사유한 '표현'이라는 개념을 인용하며 했던 말처럼, "접촉 행위 자체에서의 '표류' 운동, 즉 흩어짐을 향한 출발"(p. 165)이 이루어질 수 있기 때문이다.

• 같은 맥락에서 이미지의 '기원,' 즉 원본성은, 증언을 위해 이미지에서 이미지 — 또는 텍스트에서 텍스트 — 로 더 많은 접촉과 거리가 만들어지길 바랐던 린겔블룸이나 디디-위베르만에게 그다지 중요한 요소가 되지는 않는다. 한 장의 사진은 접촉(인화)과 거리(촬영)라는 이중성을 내포하며, 복제와 재인화를 통해 또다시 분산되면서도 새로운 접촉을 만들어낸다. 사진이라는 매체에 내재된 복제성을 원본성과 대립되는 것으로 거부하지 않고 적극적으로 활용할 때, 기억과 증언이 바로 그 흩어짐 속에서 새롭게 재구성되고 확장됨으로써 생산적이며 창조적인 행위의 위상을 얻을 수 있게 된다.

디디-위베르만이 바르샤바 게토의 아카이브에서 발견한 공동체의 가능성은 종전 후, 이를테면 나치에 협력했던 유덴라트의 일부 지도자들까지도 '신의 이름'으로 포용하고, 모든 차이와 균열의 틈을 봉합하면서 이루고자 했던 유대 민족의 원대한 재통합의 형태가 아니었다. 디디-위베르만은 그것이 가능할 거라는 생각은 단순한 환상에 지나지 않는다고 일축한다(pp. 194~95 참고). 공동체의 가능성은 오히려 그들이 "고통의 역사적 현실 속에서, 또는 그 실존적, 사회적, 정치적 일상의 현실 속에서 〔그들 스스로가〕 분열된 민족"이었음을 자각하고 인정할 때 비로소 가까워질 수 있는 것이었다. 감정 자체에 내재된 이러한 존재론적 분열, 그 고통스러운 증상의 출현을, 그 이질적 시간과 공간의 헤테로토피아를 가시화하기. 그것은 먼저 오이네그 샤베스가 억압과 통제의 게토라는 공간에 틈을 만들어내며 선택과 배제의 원칙을 넘어서 서로 다른 범주의 이질적 자료들을 가능한 많이 수집하고자 했던 아카이브의 실천 속에서, 그리고 그렇게 수집된 아카이브 안에서 선택한 이미지와 텍스트를 재몽타주하는 디디-위베르만의 글쓰기의 실천 속에서 재차 겹쳐서 이루어진다고 말할 수 있을 것이다.

4. 새로운 파종을 위한 흩어짐

바르샤바 게토로 표상되는 어떤 답해지지 않은 역사에 대한 질문과 상상력의 자리로 계속해서 '되돌아와야' 했던 숙명적 회귀에서 디디-위베르만이 역사가이자 작가로서 선택한 길은, 글쓰기를 통해 게토 안에서 죽어간 이름 없는 삶의 흩어진 파편들 속에서 아직도 울리고 있는 외침들 각각의 목소리와 음색을 되살려내어 지금 이곳에 들릴 수 있게 하는 것이었다. 아주 미약한 몸짓들이지만, 불안하고 분열적인 감정들이지만, 그것을 보여주기, 이야기하기, 느끼게 하기. 그는 이 파편들을 통해 나치의 희생자들이 겪었던 일들을 잊지 않고 함께 나누는, 본질적으로는 불가능한, 그러나 필수적인 작업을 포기하지 않아야 한다고 역설한다.

디디-위베르만이 주목하는 아카이브는 공적인 기록에서 배제된 기록들, 강한 빛에 의해 가려진 삶의 기록들, 수탈되거나 파괴되어 늘 흩어지고 있는 기록들의 아카이브이다. 그때 그 삶의 기록들은 공적 제도, 권력과 자본에 의해 수호되는 위계와 동일성의 체계로 구성될 수 있는 것들이 아니다. 그것들은 취약함과 불완전함에도 불구하고 포기될 수 없고, 계속 시도될 수밖에 없는, 보려는—또는 찾으려는—시도 그 자체를 시도하는 아카이브인 것이다. 그러한 책무를 긍정하고 그 불가능한 시도의 지속을 긍정하는 차원에서 우리는 그것을 흩어짐의 원리에 의한 헤테로토피아적 아카이브라고 말할 수 있다.

기억의 매(개)체로서 이미지를 사유하는 디디-위베르만에게 있어 '기억mémoire'은 과거와는 다른 시간과 관련된다. 과거가 이미 완료되고 결정된 폐쇄적 시간이라면, 기억은 현재의 관점에서 지속적으로 재구성되거나 재창조되는 변화와 운동의 개방적 시간 속에 있기 때문이다. 따라서 기억은 과거가 아닌 오히려 미래의 시간에 대하여 이야기한다.* 그리고 그러한 기억 공간으로서의 아카이브는 어떤 역사적 사건의 실증적, 객관

* G. Didi-Huberman, *Devant le Temps: Histoire de L'Art et Anachronisme des Images*, Paris: Les Éditions de minuit, 2000, p. 37 참고.

적 증거들을 보관하는 장소라기보다는, 반복되는 역사의 비극이라는 위기 앞에서, 또한 그 역사를 과거 속에 가두고 잊어버리는 기억의 망각이라는 위기 앞에서, 기억을 다시 불러내 살아 있게 하는 장소로 나타난다.

린겔블룸 아카이브를 남겼던 사람들은 한결같이 자신의 이름이 기억되길 바랐다. 담담하지만 고통스러운 감정들로 가득 차 있는 디디-위베르만의 이 에세이는 발터 벤야민이 요청했던 바와 같이, 이 잊힌 이들의 이름을 가능한 하나하나 정확히 호명하고, 폐허와 함께 영원히 사라질 운명에 처했던 이들의 역사를 지금 다시 쓰는 일에 참여한다. 그렇게 그의 몽타주-테이블 위에서 되살아난 기억들은 지금 우리가 서 있는 현재에서 미래로 이어지는 시간의 연속을 거리를 두고 바라보게 만든다. 오늘 우리의 세계가 남기고 있는 기억의 파편들은 어떤 모습일까? 실시간으로 중계되는 기록장치가 되어버린 아카이브, 인식의 한계를 훌쩍 뛰어넘는 그 압도적 기록의 흐름이 곧 망각의 흐름이 될 수밖에 없는, 결국 세계의 실상을 오히려 가로막고 서 있는 듯한 아카이브의 세계. 이론적으로는 영구 보존이 가능한 이 가공할 저장 공간에 기억을 맡긴 우리는 강박적인 방식으로 이미지와 이야기를 소비하고 망각해버린다. 데리다가 말하는 망각의 '죽음충동'●이 죽음의 춤 한판을 벌이고 있는 듯이 보이는 이 세계 어디에서 우리는 미래를 향하고 있는 계기들을 찾을 수 있을까? 눈을 돌리면 놀랍게도 여전히 바르샤바 게토에서와 같은 비극이 자리를 바꾸어 반복되고 있는 세계, 마치 린겔블룸의 아카이브를 거꾸로 뒤집어놓은 듯한 세계를 마주하게 된다. 이 역상의 아카이브 세계에서 무언가를 기록하고, 기억한다는 것은 무엇인가? 그에 대해 우리는 어떤 태도를 취해야 하는가?

『흩어진 것들』에서 디디-위베르만이 우리는 명확한 앎에 이르지 못하는 거리 속에서 흩어지는 존재이지만, 그럼에도 그 거리로부터, 이를테면 시리아 내전과 바르샤바 게토 사이의 거리로부터 끊임없이 반추하고 상상함으로써 그것을 알고자 도전해야 한다고 말할 때(p. 26), 우리는 지금 이스라엘에 의해 고립된 가자지구와 바르샤바 게토 사이의 그 현기증 나는 거리를 떠

● J. Derrida, *Mal d'archive: une impression freudienne*, Paris：Galilée, pp. 23~31.

올리지 않을 수 없다. 오이네그 샤베스의 조직원들이 목숨을 걸고 전한 아카이브로부터 우리는 무엇을 읽어내고 기억해내야 하는가? 그들이 전한 바르샤바 게토의 기록들에 기억할 만한 가치가 있다면, 그 기록들이 우리의 마음을 움직이고 생각하게 만들었다면, 그것은 다른 민족과 구별되는 유대인들만의 탁월함과 고귀한 미덕 때문이 결코 아닐 것이다. 오히려 그것은 그 기록들이 그들의 나약함과 어리석음까지를 가능한 한 있는 그대로 드러내면서, 그 절박한 취약성과 무능력 속에서도 끝까지 희구했던 자신들의 삶과 사랑을, 미래에 대한 희망을 전하고 있기 때문이다. 그렇게 그 전언은 바르샤바 게토의 벽을 넘어, 유대 민족의 울타리를 넘어, 고립 속에서 죽음에 내몰리는 모든 민중들의 보편적인 목소리가 되고 있기 때문이다.

디디-위베르만은 『흩어진 것들』의 마지막 장에서 'épars(es)'가 "나는 씨를 뿌린다"라는 의미를 지닌 그리스어 'speirô'에서 유래한 단어임을 언급한다. 그리고 바르샤바의 게토 여기저기에 흩어져 묻혀 있었던, 유대인의 비극적 운명을 증언하는 이 자료들을 현재와 미래를 위한 생명의 '씨앗'처럼 읽어낸다. 오랫동안 침묵하고 있었던 것들에 말을 부여함으로써 그 흩어짐을 소멸의 흩어짐이 아닌 생성의 흩어짐으로, 즉 씨앗으로 뿌려, 뿌리 내리게 한다. 그의 글은 단순한 추모도, 감상의 기록도 아니다. 그것은 죽은 자들의 언어를 빌려 오늘을 말하려는 실존적 글쓰기라고 할 것이다. 글쓴이는 난파당한 자들의 목소리에 귀를 기울이며 그들의 감정을 역사적 증언으로 전환하고, 그 목소리를 오늘의 우리에게 행동의 명령으로 전달한다. 타자의 희미한 목소리에 귀를 기울이고, 그 목소리가 더 크게, 더 멀리 들리게 하기 위해, 흩어진 목소리들의 파편을 모아 문장을 만들고 그 문장들을 다시 흩뿌려 더 많이, 더 넓게 읽히게 하기 위해.

5. 번역을 마치며

『흩어진 것들』은 구획화된 언어들의 경계를 부수는 몽타주적 기예가 집약된 책으로 시적 언어와 이론적 언어, 구어체와 문어체, 내적 감정과 객관적 사료, 자신의 말과 타자의 말, 사적 '이야기histoire'와 공적 '역사histoire'와 같이 서로 대립되는 요소들을 부딪히고 뒤섞는 방식의 글쓰기를 시도한다. 번역 과정에서 이러한 이질적 언어들의 충돌과 혼합의 효과를 어떻게 살릴 수 있을지에 대한 지속적인 고민이 필요했다. 이 책은 모두 17개의 이미지와 17개의 텍스트로 구성되어 있다. 이 이미지들은 초점이 흐리거나 프레임이 잘린 채 아무런 캡션 없이 제시되고 있는, 말 그대로 '흩어진' 이미지들이다. 각각의 이미지에 이어지는 텍스트 또한 이미지에 내재된 결핍을, 소위 실증적이고 객관적인 정보로 채우려 하지 않는다. 텍스트는 분명 이미지에서 촉발되었거나 이미지와 관련된 내용이지만, 이미지를 그것의 종속적인 증거자료로 취급하지도, 이미지를 설명하거나 대변하지도 않는다. 그러나 말이 없는 이 이미지들은 이내 "언어를 부러뜨리고, 외관을 부수고, 시간의 통일성을 분산시키는 기예"*인 시적 언어를 거쳐 상상력을 개방시킨다. 매우 압축적이고 비유적인 시구처럼 제시되고 있는 각 장의 첫 문단은 말하자면 이미지

* 조르주 디디-위베르만, 『반딧불의 잔존: 이미지의 정치학』, 김홍기 옮김, 도서출판 길, 2020, p. 69.

와 텍스트의 '상호〔적〕동요trouble réciproque'*의 관계를
형성하는 매개의 자리에 놓여 있다고 하겠다. 옮긴이
가 이 책을 번역하면서 가장 많이 고치고 다듬기를 반
복했던 부분이기도 하다. 번역을 다 마친 지금, 그럼에
도 여전히 아쉬움이 남는다. 언어의 구조적, 문법적 차
이로 원문의 미세한 뉘앙스와 독특한 감각을 충분히
살리지 못한 것들이 있다. 그 가운데 이 책의 제목이기
도 한 '에파르스éparses'라는 단어의 특별한 용법에 대하
여 이 지면을 빌려 따로 설명하는 것으로 번역의 부족
함을 보충하고자 한다.

이 책의 모든 장들의 첫 문단은 '에파르스'라는 형
용사로 시작된다. 이러한 반복의 수사학은 '아' 또는 '어
찌하여'라는 뜻의 감탄사 — 단순히 원망과 절망의 감
정만이 아닌 뼈아픈 가르침의 외침이기도 한 — '에이
카'로 노래가 시작되는 「애가서」의 형식을 상기시키며,
유대의 전통과 바르샤바 게토의 시간과 목소리를 저자
의 시간과 목소리에 연결시킨다(pp. 199~200, 215). 한
국어판에서는 아쉽게도 이 단어의 위치를 살리지 못하

● 조르주 디디-위베르만, 『민중들의 이미지』, p. 22.

고, 단지 볼드체로 강조해 구별하는 것으로 만족할 수밖에 없었다. 그 어감에서 아린 통증이 느껴지는 이 '에파르스'라는 형용사는 마치 민들레 홀씨가 터지듯 발음되는 조용한 파열음으로 이미지의 '침묵'을 흩어놓으며 말들을 불러낸다. '심리적 자리들' '기억의 조각들' '다시 살아날 기회들' '파괴의 잔해들' 폭력으로부터의 '은닉처들'과 같은, 이 형용사가 불러내 꾸미고 있는 것들은 하나같이 어두운 시간 속에서 나타나는 한줄기 빛처럼 아주 작고 미약하지만 어떤 희망을 암시하는 말들이다. 탄식이자 동시에 가르침이기도 한 감탄사 '에이카'처럼, 그것은 또한 접촉과 거리, 만남과 헤어짐, 희망과 절망, 삶과 죽음 사이에 위태롭게 놓여 있는 바르샤바 게토에서의 슬픔과 고통의 복잡한 감정을 증폭시킨다.

이렇게 각 장을 여는 이 '에파르스'라는 형용사는 모두 예외 없이 여성형 복수의 형태로 사용되고 있다. 특히 이 책의 제목에서 그것은 동일한 여성형 복수의 형태로, 그에 상응하는 성과 수의 피수식어 자리를 비워둔 채 홀로 등장한다. 이는 여성형 복수의 피수식어를 그 안에 내포하고 있는 특별한 용법이거나, 그러한 형태의 피수식어를 상상하게 만드는 문학적 표현이라

할 수 있다. 사소하고 하찮은 것들, 주변적이고 부차적인 것들, 배제되고 억압받는 존재들에 시선을 돌리고, 이 모든 존재의 다양성, 그 이질성과 복잡성의 양상에 지속적으로 주의를 기울여온 디디-위베르만의 미학적, 정치적 입장을 담아내는 이러한 표현의 뉘앙스를 어떻게 살릴 수 있을 것인가는 번역의 가장 어려운 문제 가운데 하나이기도 했다. 하나같이 쉽게 답이 주어지지 않는 문제들이었지만, 그것을 고민하고 풀어가는 과정에서 옮긴이는 하나의 기록을 새롭게 읽고 다시 쓰기를 거듭하는 디디-위베르만의 글쓰기에 참여하고 있다는 생각이 들었다. 앞서 언급했듯이, 그의 상호 감염으로서의 글쓰기, 즉 대상과 주체가, 그리고 과거와 현재가 서로를 변화시키며 새로운 시간과 공간을 생성시키는 '전염 과정'에 번역 작업 또한 연결되어 있다고 느꼈다. 서로 다른 두 언어 사이의 상호 감염으로서의 글쓰기, 이는 또한 번역을 설명하는 또 다른 말이기도 하지 않은가.

『흩어진 것들』은 이따금 삶의 예기치 못한 순간을 물들였다. 지금 나는 어느 불면의 밤, 수면을 위해 백색소음을 제공하는 '유튜브' 채널의 빗소리, 파도 소리 아래에 달린 무수한 댓글을 무심히 들여다보던 어느 새벽을 떠올린다. 때로 십여 년의 시차를 넘어 지구 반대편에서, 다른 시간과 공간 속에 있을 누군가, 불면의 밤 속에 고립되어 있을 누군가를 향해 답장의 기대 없이 띄워 보낸 그 수많은 글들. 린겔블룸 아카이브의 편지들처럼 그저 안부를 묻고 있을 뿐인, 그저 행운을 빌고 있을 뿐인, 그저 계속 힘을 내어 살아주길 바라고 있을 뿐인 그 글들이 밤바다에 비친 무수한 별처럼 흩어져 있었다. 아무도 역사라고 힘주어 말해주지 않을, 혹 불면 사라지고 말 것만 같은 이 사소한 감상의 파편들, 끝없이 피어나면서 흩어지는 이 하얀 균사와 같은 이야기들은 사실 우리 모두가 각자의 게토에서 고립된 삶을 살고 있을 뿐이라고 말하고 있는 것은 아닐까? 하찮고 어리석은 것으로 자신도 모르게 외면하고 있는 우리들의 이야기는 또 어디에서 얼마나 흩어지고 있을까? 이 희미한 흩어짐은 어찌 이렇게나 세상 가득한 것일까? 묻고 또 묻던 그 질문의 시간을 독자들과 함께 나누고 싶다.

끝으로 이 책이 한국어로 출판될 수 있게 애써주신 문학과지성사의 편집부 여러분께 감사의 인사를 전한다. 특히, 이정미 안온북스 대표님의 소개로 최대연 편집자를 만날 수 있었던 것은 행운이었다. 다정하고 성실한 그와 함께 작업한 시간은 미래의 독자와 책에 대한 생각을 나누고 이야기를 주고받는 시간처럼 즐겁고 보람 있었다. 번역 작업에 많은 도움을 준 오랜 친구 창조에게도 고마움을 전하고 싶다. 책에서 언급되거나 관련 있는 참고 문헌들을 함께 읽고 토론하며 이 책이 나누고자 하는 진정한 가치에 대하여 더 깊이 고민할 수 있었다. 생각의 차이로 때론 충돌하기도 했지만, 그 또한 어떤 가치를 소중히 여기는 마음이 있었음을 알기에 그저 고마울 뿐이다.

2025년 12월 어느 겨울날, 망월동에서